英文注释本

说汉语

SPEAK
CHINESE I

■ 第三版

主编 吴叔平

编者 来思平 赵娅 郑蕊

翻译 赵娅

上

北京语言大学出版社
BEIJING LANGUAGE AND CULTURE
UNIVERSITY PRESS

图书在版编目（CIP）数据

说汉语：英文注释本. 上册／吴叔平主编；来思平，
赵娅，郑蕊编. —3 版. —北京：北京语言大学出版社，
2008.4（2015.9 重印）
ISBN 978 - 7 - 5619 - 2065 - 7

Ⅰ. 说⋯ Ⅱ. ①吴⋯②来⋯③赵⋯④郑⋯ Ⅲ. 汉语 - 口
语 - 对外汉语教学 - 教材 Ⅳ. H195.4

中国版本图书馆 CIP 数据核字（2008）第 050450 号

书　　　名：	说汉语（第三版）英文注释本·上册
责任编辑：	王亚莉
封面设计：	张　娜
责任印制：	姜正周

出版发行： **北京语言大学出版社**

社　　　址：北京市海淀区学院路 15 号　邮政编码：100083
网　　　址：www.blcup.com
电　　　话：发行部　82303650/3591/3648
　　　　　　编辑部　82303647
　　　　　　读者服务部　82303653
　　　　　　网上订购电话　82303908
　　　　　　客户服务信箱　service@blcup.com
印　　　刷：北京中科印刷有限公司
经　　　销：全国新华书店

版　　　次：2008 年 4 月第 3 版　2015 年 9 月第 6 次印刷
开　　　本：787 毫米×1092 毫米　1/16　印张：14.5
字　　　数：210 千字
书　　　号：ISBN 978 - 7 - 5619 - 2065 - 7/H·08054
定　　　价：42.00 元

凡有印装质量问题，本社负责调换。电话：82303590

使用说明

　　《说汉语》是根据短期汉语教学的总体设计规划和编写的短期汉语教材，适用于有一定汉语基础、已掌握 1000 个词左右的学习者。

　　《说汉语》针对外国人在中国学习和生活的实际需要，贯彻功能和语法相结合的原则，把情景对话组成单元，使常用词语和句型在课文和练习中不断重现，所学内容由易到难、循序渐进。

　　《说汉语》的注释部分除对每课重点词语和语言结构的意义及用法作说明外，还对某些语言结构进行必要的扩展，讲解力求简明扼要，以帮助学习者掌握汉语的一般规律。

　　《说汉语》全书共 40 课，分列 15 个单元，每课由课文、生词、注释和练习四个部分组成，书后附有词汇表和部分练习参考答案。《说汉语》的教学安排为每周 8 学时，每课需 4～6 学时，20～30 周学完全书。学习者学完全书，可掌握约 1000 个新词和 60 个新句型。

　　《说汉语》自出版以来，一直受到从事对外汉语教学的教师、学者的关爱，也受到广大学习者的欢迎。北京语言大学出版社还将第二版列为"北语对外汉语精版教材"之一。但随着时间的推移，《说汉语》的一些内容已略显陈旧，所以，我们对其进行再次修订，吴叔平、来思平和赵娅参与了修订工作。在保留第二版原有框架的基础上，我们更换了部分课文，调整了部分语言结构的分布，使其更符合使用者实际需要。《说汉语》第三版分为上、下两册，并将推出英文、日文、韩文等多个文种注释本。

　　在北京语言大学出版社领导的关心和支持下，在王亚莉、唐琪佳两位责任编辑的热忱帮助下，《说汉语》的再修订工作得以顺利完成，为此，我们表示衷心的感谢。

编　者
2008 年 3 月

FOREWORD

Speak Chinese is designed and compiled according to the general plan for short-term Chinese programs. It is intended for learners who have laid a basic foundation of the Chinese language and have a vocabulary of about one thousand words.

Speak Chinese is produced to meet the practical needs of foreigners studying and living in China. The textbook adopts a functional-grammatical approach, and is divided into units that are composed of dialogues related to daily situations. Throughout *Speak Chinese*, daily expressions as well as key sentence patterns appear recurrently in texts and exercises. The contents of the book gradually increase in difficulty.

In order to help learners grasp the general rules of Chinese, apart from explaining the meanings and usages of the key words, expressions and linguistic structures, the notes in each lesson in *Speak Chinese* also provide an extension of the usages of some linguistic structures with concise description.

The book has forty lessons in two volumes, which are divided into fifteen units. Each lesson consists of four parts: Text, New Words, Notes and Exercises. At the end of book there are a vocabulary list and answers to some of the exercises. The suggested teaching hours are 8 hours per week and 4 to 6 hours for each lesson. In this way, the whole book can be completed within 20 to 30 weeks. Upon completion of the whole book, learners will master about one thousand new words and sixty new sentence patterns.

Since its publication，*Speak Chinese* has received much attention of the teachers and experts in the field of teaching Chinese as a foreign language and has been welcomed by its learners. Beijing Language and Culture University Press has listed the second edition of *Speak Chinese* as one of the "BLCU Choice Chinese Textbooks for Overseas Learners" series. However，as the time went by，some contents of the book were out of date. Therefore，we have produced the third edition of the book. Wu Shuping，Lai Siping and Zhao Ya have participated in the revision work. Based on the structure of the book of the second edition，we have replaced some texts and rearranged the distribution of some linguistic structures so as to better meet the learners' needs. The English，Japanese and Korean versions of the third edition of *Speak Chinese* will be published.

Here we would like to express our heartfelt gratitude to those who have given us a lot of care and support for the revision of *Speak Chinese*，especially to Beijing Language and Culture University Press and editors Wang Yali and Tang Qijia.

Compilers
March 2008

目 录
CONTENTS

1 工作
Work

第一课　我喜欢这个职业
I like this job

课文 Text

A：你快大学毕业了吧？

B：快了。

A：你最理想的职业是什么？

B：高中的时候我想当作家，上大学以后又想当记者。

A：那么现在呢？

B：现在倒不知道了。你喜欢什么职业？

A：我想当老师，我喜欢这个职业。

B：啊，太合适了！我怎么从来没发现呢？只是——

A：只是什么？

B：只是有点儿太年轻了。

A：我想年轻一点儿没关系，时间长了就会有经验

的。你父亲、母亲做什么工作？

B：我父亲是一个烟酒公司的经理，母亲是医生。

A：记得你说过你有一个弟弟。

B：是的，他现在上大学。

A：他想做什么工作，你知道吗？

B：他是学法律的，他希望以后能当一名律师。

生词　New Words

➊	职业	（名）	zhíyè	occupation
➋	大学	（名）	dàxué	university
➌	理想	（形、名）	lǐxiǎng	ideal；ideal
➍	高中	（名）	gāozhōng	high school
➎	当	（动）	dāng	to work as，to become
➏	作家	（名）	zuòjiā	writer
➐	上（学）	（动）	shàng(xué)	to go to school
➑	以后	（名）	yǐhòu	future；after
➒	记者	（名）	jìzhě	reporter，journalist

⑩	倒	(副)	dào	contrary to what is expected
⑪	合适	(形)	héshì	suitable，appropriate
⑫	从来	(副)	cónglái	at all times（if "从来" is used in a negative sentence，it means "never"）
⑬	发现	(动)	fāxiàn	to find，to discover
⑭	只是	(连)	zhǐshì	only
⑮	年轻	(形)	niánqīng	young
⑯	经验	(名)	jīngyàn	experience
⑰	公司	(名)	gōngsī	company
⑱	经理	(名)	jīnglǐ	manager，director
⑲	医生	(名)	yīshēng	doctor
⑳	记得	(动)	jìde	to remember
㉑	法律	(名)	fǎlǜ	law
㉒	希望	(动、名)	xīwàng	to hope；hope
㉓	名	(量)	míng	*measure word*（*for a person*）
㉔	律师	(名)	lǜshī	lawyer

注释 Notes

1 你快大学毕业了吧

"快（要）……了"表示即将发生某种情况，还可以说成"要……了""就要……了"。"快（要）……了"前面不能有时间状语修饰，"要……了""就要……了"前面可以有时间状语修饰。

The structure "快（要）……了" indicates something is going to happen soon. So does the structure "要……了" or "就要……了". A time adverbial cannot precede "快（要）……了"; but before "就要……了", a time adverbial can be used.

(1) 快下雨了，带上伞吧。

快要下雨了，带上伞吧。

要下雨了，带上伞吧。

(2) 看样子，马上就要下雨了。

(3) 再过五分钟，电影就要开演了。

2 现在倒不知道了

"倒"表示转折，要求有一定的语言环境。"倒"用在谓语动词或形容词前，不能用在主语前。

The adverb "倒" must be used in a certain context to show what is contrary to the preceding situation or things. "倒" should be used before the predicate verb or adjective, but not before a subject.

(1) 汉字有点儿难，汉语发音倒不太难。

(2) 刚才很饿，现在倒不想吃东西了。

3 现在倒不知道了

"了"在句尾表示情况发生了变化。各种谓语句都可以用"了"表示这种变化。

When "了" is used at the end of a sentence, it implies the change of a state. "了" can be used in all predicate sentences to show such a change.

(1) 前几天他感冒了，现在好了。
(2) 昨天真热，今天凉快了。
(3) 我不头疼了。

4 他希望以后能当一名律师

能愿动词"能"在这里表示客观条件容许。

In the sentence above, "能" is a modal verb, which indicates that something is possible under certain conditions.

(1) 这个屋子能住三个人。
(2) 现在出发还来得及，能赶上火车。

"能"还可以表示情理上许可、准许。

"能" can indicate permission with reason.

(3) 他肚子疼，不能再喝凉茶了。
(4) 请问，能在这儿吸烟吗？

"能"还可以表示主观上具有某种能力。

"能" can also indicate that a person has the ability to do something.

(5) 他一顿饭能吃 30 个饺子。
(6) 他能用两只手写字。

练习 Exercises

1 回答问题。

Answer the following questions.

(1) 你大学毕业了吗？在大学里你学什么专业？

(2) 你现在做什么工作？

(3) 你最理想的职业是什么？

(4) 你家里人都做什么工作？

(5) 你认为经理这个职业怎么样？为什么？

(6) 你们国家的人最羡慕什么职业？

2 用指定词语完成问句。

Ask questions using the words in the brackets.

(1) A：＿＿＿＿＿＿＿＿＿＿＿？（什么）

　　B：我最理想的工作是当老师。

　　A：＿＿＿＿＿＿＿＿＿＿＿？（什么）

　　B：我喜欢学汉语。

(2) A：＿＿＿＿＿＿＿＿＿＿＿？（什么）

　　B：我最喜欢医生这个职业。

(3) A：＿＿＿＿＿＿＿＿＿＿＿？（什么）

　　B：我的朋友是北京饭店的经理。

(4) A：＿＿＿＿＿＿＿＿＿＿＿？（什么）

　　B：他希望大学毕业以后能当一名记者。

(5) A：_____？（多长）

B：我每天学六个小时的汉语。_____？（呢）

A：我也学习六个小时。

(6) A：你大学毕业了吗？

B：快了。_____？（呢）

A：我刚一年级。

(7) A：_____？（呢）

B：小王去食堂了。

(8) A：_____？（呢）

B：对不起，你的笔在我这儿。

3 **模仿例句改写句子。**

Rewrite the following sentences after the examples.

例：一个月以后，他就二十了。

→ 他快二十了。

(1) 飞机一会儿就起飞了。

(2) 下星期，我朋友来北京。

(3) 快走吧，一会儿食堂没饭了。

(4) 医生说，他的病这几天就会好。

例：木村天天都不迟到。

→ 木村从来不迟到。

(5) 我以前不喜欢这个职业，现在也不喜欢。

(6) 他每天都不锻炼，所以身体不太好。

(7) 他从小时候到现在都不喜欢吃肉。

(8) 晚上他总是不看电视，因为太忙了。

例：他汉语刚学了一年多，可是说得挺流利。

→ 他汉语刚学了一年多，说得倒挺流利。

(9) 王老师前几年身体不太好，可是这几年好多了。

(10) 这件衣服太贵了，不过挺漂亮。

(11) 他年龄不大，可是看的书不少。

4 用指定词语完成句子。

Complete the following sentences using the words in the brackets.

(1) ＿＿＿＿＿＿＿＿＿＿＿＿＿，我还没见过他。(以后)

(2) ＿＿＿＿＿＿＿＿＿＿＿＿＿，格林开始学汉语。(以后)

(3) 这件衣服不大也不小，＿＿＿＿＿＿＿＿＿＿。(合适)

(4) 她刚二十岁，＿＿＿＿＿＿＿＿＿＿＿。(年轻)

(5) 我知道这本书的名字，＿＿＿＿＿＿＿＿。(只是)

(6) 医生这个职业不错，＿＿＿＿＿＿＿＿＿。(只是)

5 选择恰当的词语填空。

Fill in the blanks with the appropriate words from the list given below.

快……了	理想	倒	记得	以后
羡慕	从来	当	只是	希望

(1) 我＿＿＿＿你不吃辣的，还＿＿＿＿不吸烟、不喝酒。

(2) 大学毕业以后，他＿＿＿＿做自己＿＿＿＿的工作。

(3) 他吃得不多，＿＿＿＿很有力气。

(4) 去年我见到他的时候，他在美国，从那＿＿＿＿就去法
国了。

(5) 很多人都_____他的职业。

(6) 他很想_____一个大公司的经理。

(7) 去那个地方旅游不错，_____远了点儿。

(8) 别出去了，_____下雨_____。

6　根据指定内容，用下面的词语进行对话。

Make dialogues based on the following questions using the words given below.

什么	羡慕	理想	当	喜欢
职业	希望	医生	律师	记者

(1) 说一说医生这个职业。

(2) 你希望自己能做什么工作？

(3) 在作家、记者、教师、医生、经理、律师这些职业中，你认为哪种职业比较适合你？说说原因。

(4) 什么职业你最不喜欢？为什么？

7　谈谈你知道的各种工作。

Talk about the various jobs you know.

第二课　我工作很忙
I am very busy with my work

课文 Text

A：你们每天工作几小时？

B：每天工作八小时。

A：中国是八小时工作制吧？

C：是的。每周工作五天，礼拜六、礼拜天休息。

A：老师也是每天工作八小时吗？

B：是的。不过，大学老师上完课可以在家备课。

A：医生呢？

C：医生也是每天工作八小时。

A：你在哪儿工作？

C：我在公司工作，当经理。

A：工作忙吗？

C：工作很忙。我的公司在郊区，上下班要花很多时间。

A：坐公共汽车上班吗？

C：我们公司有班车，不过我从家里出来，要先坐几站地铁。

A：有假期吗？

C：有，春节放假时间最长，这是中国最重要的传统节日。

A：学校呢？

B：学校有暑假和寒假。

A：暑假放多长时间？

B：一般从七月中旬到八月底，放一个半月。

A：寒假呢？

B：有一个月，跟春节在一起。

A：有这么长的假期，你不羡慕吗？

C：是啊，我就很羡慕我爱人，她是老师。

B：老师的假期是多一点儿。不过，老师在假期里还要备课。

生词　New Words

1	工作制	（名）	gōngzuòzhì	system of work
2	周	（名）	zhōu	week
3	礼拜六	（名）	lǐbàiliù	Saturday
4	礼拜天	（名）	lǐbàitiān	Sunday
5	不过	（连）	búguò	but
6	备课		bèi kè	to prepare lessons
7	郊区	（名）	jiāoqū	suburb
8	上班		shàng bān	to go to work
9	下班		xià bān	to go off work
10	花	（动）	huā	to spend
11	班车	（名）	bānchē	(here) regular bus of a company
12	先	（副）	xiān	first
13	地铁	（名）	dìtiě	subway
14	假期	（名）	jiàqī	holiday，vacation
15	放假		fàng jià	to have a holiday
16	重要	（形）	zhòngyào	important
17	传统	（名）	chuántǒng	tradition
18	节日	（名）	jiérì	festival
19	暑假	（名）	shǔjià	summer vacation
20	寒假	（名）	hánjià	winter vacation
21	一般	（形）	yìbān	common
22	旬	（名）	xún	a period of ten days
23	底	（名）	dǐ	the end

㉔ 羡慕　　　(动)　　xiànmù　　to envy

㉕ 爱人　　　(名)　　àiren　　wife or husband，spouse

专名　Proper Noun

春节　　　Chūn Jié　　Spring Festival

注释　Notes

⌐1 你们每天工作几小时

"几小时"表示"工作"持续的时间，是时量补语。

"几小时"，a complement of duration，indicates the hours that the work lasts.

(1) 晚会进行了三个小时。

(2) 他在北京住了三年。

(3) 屋子里的灯亮了很长时间。

如果有宾语，要注意宾语的位置：

If there is an object，pay attention to its position.

a. 宾语在重复的谓语动词之间。

An object should be placed between the predicate verb and the reduplicated verb.

(4) 我坐车坐了两个小时。

(5) 我找本子找了十分钟。

(6) 他学汉语学了一年。

b. 动词不重复，宾语是一般名词，则宾语在时量补语后（时量补语和宾语之间可以有"的"）。

If the verb is not repeated and the object is an ordinary noun, the object should be put after the complement of duration. （"的" can be used between the complement of duration and the object.）

(7) 我坐了两个小时（的）车。

(8) 我找了十分钟（的）本子。

c. 宾语是表称呼的词或人称代词时，放在时量补语前。

The object is put before the complement of duration when it is a form of address or a personal pronoun.

(9) 我等了你一个小时，你去哪儿了？

(10) 你认识王老师几年了？

d. 宾语是表称呼的词，补语是"一会儿""半天"等不定时量词，则宾语可以在补语前，也可以在补语后。

The object can be put either before or after the complement, when it is a form of address and such words of indefinite duration, such as "一会儿" and "半天" are used as the complement.

(11) 你等王林一会儿吧。

    你等一会儿王林吧。

(12) 我找了王老师半天，也没找到。

    我找了半天王老师，也没找到。

时量补语还可以表示动作从开始或完成到说话的时候（或提到的某一时刻）已经有多长时间了。如果有宾语，宾语一般在动词后、补语前。

Complements of duration can also indicate how long an action has already lasted, from its beginning or its completion till the time when the speaker talks about it （or at a given time）. If there is an object in the sentence, the object is generally placed after the verb, but before the complement.

（13）他大学毕业一年了。

（14）我来北京一个星期了。

2　大学老师上完课可以在家备课

"完"是动词"上"的结果补语。结果补语可以是动词或形容词，说明动作的结果。如果有宾语，语序是"动词＋结果补语＋宾语"。

"完" is the complement of result of the verb "上". Verbs or adjectives can be used as the complement of result to indicate the result of an action. If there is an object in the sentence, the structure is："verb＋complement of result＋object".

（1）桌子擦干净了，吃饭吧。

（2）他穿好鞋了。

3　暑假放多长时间

"多"可以表示疑问，用来询问程度、数量。"多＋形容词"，形容词常常是单音节的，"多"前面常用"有"。

"多" is often used to ask a question about the quantity or degree. In "多＋adj. ", the adjective here is often a monosyllabic word, and "多" is often preceded by "有".

(1) 今年你多大了？

(2) 那棵树有多高？

(3) 从这儿到你们公司有多远？

4　一般从七月中旬到八月底

　　a. "从……到……"可以连接时间词，表示从开始到某时的一段时间。

The structure "从……到……" can be used with a time expression to indicate a period from its beginning till a certain time.

(1) 那个医院从早上到晚上都可以看病。

(2) 我们从星期一到星期五都上班，星期六、星期日休息。

　　b. "从……到……"可以连接处所词，表示从一个地方到另一个地方。

The structure "从……到……" can be used with a place word to indicate going from one place to another.

(3) 从圆明园到颐和园远吗？

(4) 从这儿到桂林交通方便吗？

　　c. "从……到……"还可以连接名词、动词短语或主谓短语，表示范围。

The structure "从……到……" can be used with nouns, verbal phrases or subject-predicate phrases to indicate the scope of the subject.

(5) 从小孩儿到大人都喜欢听他讲故事。

(6) 从上大学到工作他都坚持锻炼身体。

(7) 他谈了很多问题，从孩子上学到老人看病都说到了。

练习　Exercises

1　回答问题。

Answer the following questions.

(1) 你们国家是几小时工作制？

(2) 你一星期工作几天？

(3) 你工作（学习）的地方在城里还是在郊区？离家多远？

(4) 你怎么去上班（上学）？

(5) 你一年有多长时间的假期？

(6) 你们国家最重要的节日是什么节？节日放多长时间的假？

2　用指定词语完成问句。

Ask questions using the words in the brackets.

(1) A：_____？（几）

　　B：他每周工作五天。

　　A：_____？（几）

　　B：他在这儿工作五年了。

　　A：_____？_____？（几）

　　B：他上午九点上班，下午五点下班。

(2) A：_____？（多长）

　　B：我每天上下班要花三个多小时。

(3) A：_____？（多长）

　　B：我学汉语学了一年多。

(4) A：_____？（多）

　　B：他今年二十了。

(5) A：＿＿＿＿＿＿＿＿？（多远）＿＿＿＿＿＿＿＿？（多长）

B：不太远，再走五分钟就到了。

(6) A：＿＿＿＿＿＿＿＿＿？（多少）

B：每个月我工作二十六天。

(7) A：＿＿＿＿＿＿＿＿＿？（多少）

B：我们班有十一个人。

3 **模仿例句改写句子。**

Rewrite the following sentences after the examples.

例：今天天气不错，只是风大一点儿。

→ 今天天气不错，不过风大一点儿。

(1) 学校离家远一点儿，但坐车还是很方便的。

(2) 这几天他非常忙，但明天可以休息。

(3) 他病了很长时间，但这几天好多了。

例：他学了两年汉语。

→ 他花了两年时间学习汉语。

(4) 他每天用一小时听音乐。

(5) 我上下班路上要用三个多小时。

(6) 我买了两本书，一共四十五块四。

(7) 我的朋友用了很多钱修理他那辆车。

例：洗手以后再吃饭。

→ 吃饭前先洗手。

(8) 你去教室吧，我马上就到。

(9) 谁最早到教室的？

(10) 你吃点儿东西以后再喝酒。

例：学校离商店有多远？

→ 从学校到商店有多远？

(11) 上星期五以后我就没见过他。

(12) 他小时候喜欢看书，现在也喜欢看书。

(13) 美国离中国有多远？

4 **从括号里选择词语填空。**

Fill in the blanks with the appropriate words given in the brackets.

(1) 他说今天没空儿，不去商店了，＿＿＿＿＿＿明天可以去。
（因为　不过　只是）

(2) 今天我不上班，＿＿＿＿＿＿是休息日。(还是　因为　不过)

(3) 格林放＿＿＿＿＿＿时间的假？(多少　多　多长)

(4) 我学汉语＿＿＿＿＿＿。（两年　学了两年　两年时间)

(5) 这顿饭＿＿＿＿＿＿。（两个小时我们吃了
我们两个小时吃了　我们吃了两个小时)

(6) 我没听＿＿＿＿他说的话。(得懂　懂　懂了)

5 **选择恰当的词语填空。**

Fill in the blanks with the appropriate words from the list given below.

因为	月底	班车	传统	工作制
中旬	郊区	要	重要	先　能

(1) 我不坐公司的＿＿＿＿上班，我骑车去。

(2) 欧美国家最＿＿＿＿的＿＿＿＿节日是圣诞节。

(3) 这个月我＿＿＿＿看完这本书。

(4) 我的公司离家很远，在＿＿＿＿＿＿，上下班＿＿＿＿＿坐三
小时公共汽车。

(5) 上个月＿＿＿＿＿我的朋友去上海了，这个月＿＿＿＿＿回
北京。

(6) 他到北京以后，就＿＿＿＿＿来我家了。

(7) ＿＿＿＿＿坐车太麻烦，所以我常骑车。

(8) 你们国家是几小时＿＿＿＿＿？

6 **根据指定内容，用下面的词语进行对话。**

Make a dialogue based on the following questions using the words given
below.

几　　多长　　多少　　多

(1) 你工作累吗？

(2) 你每天学习紧张吗？

(3) 从你家到公司远吗？

(4) 你怎么去上班？

7 **谈谈你认为最忙的工作。**

What do you think is the busiest work? Tell us about it.

第三课　她比我还忙
She is busier than I am

课文 Text

A：您好，我想去北京饭店！

B：好，请上车！

A：你们每天要工作到很晚吧？

B：是啊，有时候到半夜呢。

A：够辛苦的。你结婚了吗？

B：结婚已经五年了。

A：你爱人也工作吗？

B：嗯，她在医院工作，比我还忙。

A：两个人都工作，家里有不少困难吧？

B：可不是！听说外国不少妇女结婚以后就不工作了，是吗？

A：以前是这样，现在婚后继续工作的人越来越多了。

B：你爱人呢？

A：我现在还没有爱人呢。

B：对不起，请原谅。

A：没什么。你们都工作，孩子怎么办？

B：送幼儿园，每天早晚接送。

A：如果刮风下雨呢？

B：那也得去啊。

A：孩子大概更喜欢妈妈吧？

B：他说爸爸、妈妈他都喜欢。

A：小家伙真聪明。几岁了？

B：明天是他的四岁生日，瞧，这是我给他买的生日礼物。

生词　New Words

①	上车		shàng chē	to get on（a bus）
②	半夜	（名）	bànyè	midnight
③	够	（副）	gòu	quite
④	辛苦	（形）	xīnkǔ	（to work）hard, laborious

⑤	结婚		jié hūn	to get married
⑥	嗯	(叹)	ńg	*an interjection*
⑦	医院	(名)	yīyuàn	hospital
⑧	困难	(名、形)	kùnnan	difficulty；difficult
⑨	听说	(动)	tīngshuō	it's said... , I hear...
⑩	外国	(名)	wàiguó	foreign country
⑪	妇女	(名)	fùnǚ	woman
⑫	以前	(名)	yǐqián	before，previously
⑬	继续	(动)	jìxù	to continue
⑭	越来越……		yuè lái yuè……	more and more
⑮	对不起	(动)	duìbuqǐ	I'm sorry
⑯	原谅	(动)	yuánliàng	to forgive，to pardon
⑰	孩子	(名)	háizi	child
⑱	怎么办		zěnme bàn	What's to be done?
⑲	幼儿园	(名)	yòu'éryuán	kindergarten
⑳	得	(能动)	děi	to have to，should
㉑	大概	(副)	dàgài	probably
㉒	小家伙	(名)	xiǎojiāhuo	kid
㉓	真	(副)	zhēn	really
㉔	聪明	(形)	cōngming	clever
㉕	生日	(名)	shēngrì	birthday
㉖	瞧	(动)	qiáo	to look
㉗	礼物	(名)	lǐwù	gift，present

专名　Proper Noun

| 北京饭店 | Běijīng Fàndiàn | Beijing Hotel |

注释 Notes

1 够辛苦的

　　"够······的"表示达到一种很高的程度。

The structure "够······的" indicates a rather high degree has been reached.

(1) 今天够热的。

(2) 你穿的真够多的。

(3) 我的车丢了，真够让人着急的。

2 她在医院工作，比我还忙

　　用"比"表示比较的句子，一般格式是"A 比 B → 差别"。

"比" is often used in comparative sentences, with the structure "A 比 B → 差别 (difference)".

(1) 今天比昨天凉快。

(2) 他比我走得快。

(3) 我比他身体好。

　　如果要表示具体差别，还可以在表示差别的词语后加"一点儿""一些""多了""得多"等。

If you want to express the specific difference, phrases such as "一点儿", "一些", "多了" and "得多" often go after the words that indicate the difference.

(4) 今天比昨天凉快得多。（一点儿　一些　多了）

(5) 他比我走得快得多。（一点儿　一些　多了）

(6) 我比他身体好得多。（一点儿　一些　多了）

在表示差别的词语前一定不能用"很""非常""极"等程度副词，可以用"还""更"等程度副词。

Adverbs such as "很", "非常" and "极" are never used in front of the words that indicate the difference, except "还" and "更".

(7) 今天比昨天更（还）凉快。

(8) 他比我走得更（还）快。

(9) 我比他身体更（还）好。

"A 比 B → 差别"的否定形式可以用"A 不比 B → 差别"。

The negative form of the structure "A 比 B → 差别 (difference)" is "A 不比 B → 差别 (difference)".

(10) 今天不比昨天凉快。

(11) 他不比我走得快。

(12) 我不比他身体好。

另外，还可以用"不如""没有"来否定。

In addition, "不如" or "没有" can also be used to negate the sentence.

(13) 今天不如（没有）昨天凉快。

(14) 他不如（没有）我走得快。

(15) 我不如（没有）他身体好。

3 可不是

"可不（是）（吗）"用于对话时，表示同意对方的话，可以进一步补充说明。

During a conversation, "可不（是）（吗）" can be used to show one's agreement, and give some additional information.

(1) A：今天够热的。

B：可不（是）（吗），听说有三十八度呢。

(2) A：你工作很忙吧？

B：可不（是）（吗），每天晚上七点才能吃晚饭。

4 现在婚后继续工作的人越来越多了

"越来越"表示事物发展的程度随着时间的推移而增加。

The structure "越来越" indicates that the degree increases as time goes by.

(1) 天气越来越热。

(2) 他的身体越来越好。

(3) 他说汉语说得越来越流利。

练习 Exercises

1 回答问题。

Answer the following questions.

(1) 你认为妇女结婚以后继续工作好还是在家做家务好，为什么？

(2) 谈谈你的家庭情况。

2 用指定词语或句式完成问句。

Ask questions using the words or sentence patterns in the brackets.

(1) A：你每天上下班坐班车还是地铁？（还是）

B：我每天坐班车上班。

(2) A：<u>你还是你爱人送孩子</u>？（还是）

B：有时候我送孩子，有时候我爱人送。

(3) A：<u>医生的工作是不是辛苦</u>？（是不是）

B：是的，医生们工作是很辛苦。

(4) A：<u>妇女婚后继续工作,是谁</u>？（是不是）

B：对，很多妇女婚后继续工作。

(5) A：<u>你的孩子上小学吗</u>？（正反疑问句）

B：我的孩子还没上学，还在上幼儿园。

(6) A：<u>从家到院很远吗</u>？（正反疑问句）

B：不太远，从家到医院骑车骑五分钟。

3 完成对话，然后改成短文，介绍一个医生的家庭。

Complete the dialogue，and change it into a short passage about a doctor's family.

A：你在哪儿工作？

B：_____。_____？

A：我在医院工作。

B：_____？

A：够辛苦的，病人多的时候经常要工作到很晚。

B：_____？

A：是的，我爱人和我在一个医院里工作。

B：_____？_____？

A：有，我们有一个女儿，今年四岁了。

B：_____？

A：白天孩子上幼儿园，晚上和我们在一起。

B：＿＿＿＿＿＿＿＿＿＿＿＿＿？

A：星期天，有时候我们和她去公园玩儿。

B：＿＿＿＿＿＿＿＿＿＿＿＿＿？

A：对，她高兴极了。这时候她常常说："妈妈，明天我们还
到公园来玩儿，是不是？"

B：小家伙真够有意思的。

4 根据指定内容，用下面的词语进行对话。

Make dialogues based on the following topics using the words given below.

> 多　　几　　是不是　　还是

(1) 介绍你们国家一个教师的家庭。

(2) 介绍你父母的工作。

5 模仿例句改写句子。

Rewrite the following sentences after the examples.

例：昨天暖和，今天更暖和。

　　→ 今天比昨天更暖和。

(1) 他够高的，他弟弟更高。

(2) 这本书有意思，那本书差一些。

(3) 骑车方便，坐车不太方便。

(4) 他认识的汉字多，我认识的汉字不太多。

例：春天到了，天气一天比一天暖和了。

→ 春天到了，天气越来越暖和了。

(5) 他学习很努力，汉语说得比以前好多了。

(6) 这几年他天天跑步，身体更好了。

(7) 快到年底了，我回国的时间一天比一天近了。

(8) 他当了医生以后，更喜欢这个工作了。

6 用指定词语完成句子。

Complete the following sentences using the words in the brackets.

(1) 商店已经关门了，~~不能~~ 买 yú 怎么办 _____？（买 怎么办）

(2) 下雨了，没有伞,怎么办 _____？（伞 怎么办）

(3) A：今天公共汽车有很多人 _____ 呀！（公共汽车 人 多）

　　B：可不。

(4) A：你每天练发音吗 _____ 吗？（每天 练 发音）

　　B：可不。

(5) 昨天你忙了一天，够辛苦的 _____！（够……的）

(6) 百货大楼的商品真够 guì 的 _____！（够……的）

(7) 如果我有很多的作业 _____，我就不去机场接他了。（如果）

(8) 如果你的中文不好 _____，你就得多听多说。（如果）

(9) 听说 婚后工作的妇女越来 yuè 很多 （婚后 工作 妇女 越来越）

(10) 听说 北京的秋天比春天好 _____。（北京 秋天 比 春天 好）

7 选择恰当的词语填空。

Fill in the blanks with the appropriate words from the list given below.

> 有时候　听说　还　越来越　大概　呢
> 没什么　继续　比　小家伙　半夜

(1) 他最喜欢晚上写信，__有时候__ 写到 __半夜__ 。

(2) 问问他吧，__大概__ 他会知道。

(3) 希望你回国以后 __继续__ 学汉语。

(4) 这 __小家伙__ 年龄不大，倒真聪明。

(5) 同学们 __越来越__ 习惯这里的生活了。

(6) 他去的地方 __比__ 我去的地方 __还__ 多。

(7) A：__听说__ 旅游的人很多，车票不好买。

　　B：可不。

(8) A：对不起，让你久等了。

　　B：__没什么__ 。

(9) 安娜 __呢__ ？她的朋友来看她了。

2 运动
Sports

第四课　我教你滑冰
I'll teach you how to skate

课文 Text

A：天气真好，咱们去滑冰好吗？

B：我从来没滑过冰。

A：没关系，我教你。

B：我想，我是最笨的学生。

A：能教会你才是好老师啊！

B：那么说，滑冰你很拿手了？

A：谈不上拿手，不过，当你的老师还可以。你喜欢什么运动？

B：打乒乓球和踢足球。

A：我不会踢足球，可是喜欢看足球比赛。

B：你喜欢打网球和游泳吗？

A：我游泳游得不错，可是不会打网球，真遗憾！

B：我打网球打得可棒了，到时候我也当你的老师吧。

A：有你当我的老师，那太好了。不过，今天你得当我的学生，你可要不怕疼啊！

B：怎么？滑冰还要挨打吗？

A：哪能呢？可是滑冰能不摔跟头吗？

B：是啊，看来我得努力学习才行。

生词　New Words

①	运动	(名、动)	yùndòng	sport；to have sports
②	滑冰		huá bīng	to skate；skating
③	教	(动)	jiāo	to teach
④	最	(副)	zuì	most
⑤	笨	(形)	bèn	stupid，silly
⑥	拿手	(形)	náshǒu	good at，expert at
⑦	谈	(动)	tán	to talk
⑧	乒乓球	(名)	pīngpāngqiú	ping-pong, table tennis
⑨	踢	(动)	tī	to play（football），to kick
⑩	足球	(名)	zúqiú	football，soccer
⑪	比赛	(名、动)	bǐsài	match；compete
⑫	打	(动)	dǎ	to play
⑬	网球	(名)	wǎngqiú	tennis
⑭	游泳		yóu yǒng	to swim；swimming
⑮	遗憾	(形)	yíhàn	regretful
⑯	棒	(形)	bàng	very good and skillful
⑰	怕	(动)	pà	to be afraid of，to fear
⑱	疼	(形)	téng	painful
⑲	挨	(动)	ái	to suffer
⑳	摔	(动)	shuāi	to fall，to tumble
㉑	跟头	(名)	gēntou	(to have) a fall
㉒	看来	(动)	kànlái	it seems that...

注释 Notes

1 能教会你才是好老师啊

句中的"才"表示只有在某种条件下，或由于某种原因、目的，然后有某种结果、情况。课文中"能教会你"是评价好老师的条件。"才"的这种用法常常用在复句中。

Here "才" indicates that only under a certain condition or for a certain reason or purpose, would there come a certain result or a situation. In this sentence, "能教会你" is a condition to evaluate the teacher's ability. This usage of "才" often appears in a compound sentence.

(1) 多锻炼，才能身体好。

(2) 你们常来，我才高兴。

(3) 水到 0℃ 才结冰。

2 谈不上拿手

在对话中，当对方称赞你时，为了表示自己还没有达到那个水平，或为了说明事情没有达到某种程度，可以说"谈不上""说不上"。"上"有达到的意思。

In a conversation, when praised, "谈不上" or "说不上" can be used as a reply to show that one has not reached the level for which he/she is praised, or one does not deserve such praise. "上" means a certain level has been reached.

(1) A：你的字写得真好。

　　B：谈不上好，只是比较整齐。

(2) A：你很喜欢喝酒吧？

　　B：谈不上喜欢，不过可以喝一点儿。

3 我游泳游得不错

动词或形容词后用"得"连接的说明动作或事物性质所达到程度的补语，是程度补语。

If "得" is used after a verb or an adjective and followed by a complement to show what degree an action or a thing has reached, this complement is called a complement of degree.

(1) 他跑得很快。

(2) 他说得好极了。

(3) 我高兴得跳了起来。

例 (1)、例 (2) "……得很快""……得好极了"的否定式分别是"……得不快""……得不好"。

The negative forms of "……得很快"〔in Example (1)〕and "……得好极了"〔in Example (2)〕should be "……得不快" and "……得不好" respectively。

如果动词带宾语，有以下两种句式：

If there is an object after the verb in the sentence, either of the following two patterns can be used.

A. 他学汉语学得很好。（重复动词 to repeat the verb）

B. 汉语他学得很好。
　他汉语学得很好。｝（把宾语提前 to put the object in front of the subject）

4 你可要不怕疼啊

"可"在祈使句里有"必须这样"的意思，有时有劝导的意思。"可"后一般有"要""能""应该"等能愿动词，句末常常有语气助词。

In an imperative sentence, "可" means "must"; sometimes it shows

persuasion. An auxiliary verb, such as "要", "能" or "应该", is often used after "可", and an interjection is often put at the end of the sentence.

(1) 下次再来，可要早一点儿啊！
(2) 骑自行车可要小心啊！
(3) 冬天睡觉的时候可不能开窗户。

5 看来我得努力学习才行

"看来"在句子中做插入语，是根据客观情况推断的意思。用法相同的还有"看样子""看起来"等。

"看来" is a parenthetical expression in the sentence to show one's inference according to the situation. "看样子" or "看起来" can be used in the same way.

(1) A：我买的这双布鞋又便宜又好。
   B：看来你很会买东西。
(2) A：他已经六十多岁了，可是走得还很快。
   B：看样子他身体不错。
(3) A：已经九点了，他怎么还不来呢？
   B：看起来今天他不会来了。

练习　Exercises

1 回答问题。

Answer the following questions.

(1) 你喜欢什么运动？

(2) 什么运动你比较拿手？

(3) 你会滑冰吗？在你的家乡可以滑冰吗？滑冰的时候你摔过跟头吗？你现在滑得怎么样？

(4) 春、夏、秋、冬你都参加什么运动？

(5) 在你们国家，妇女喜欢什么运动？

2 用指定词语完成对话。

Complete the dialogues with the words in the brackets.

(1) A：你看我买的这张画儿怎么样？

　　B：＿＿＿＿＿＿＿＿＿＿＿＿＿＿＿＿＿？（太）

　　A：我打算把这张画儿挂在我的房间里。

　　B：＿＿＿＿＿＿＿＿＿＿＿＿！（真　主意）

　　A：昨天张老师也看了这张画儿。

　　B：他一定也喜欢吧？

　　A：＿＿＿＿＿＿。他说很少看到这么好的画儿。（可　喜欢）

(2) A：＿＿＿＿＿＿＿＿＿＿！（真）

　　B：是啊，这么好的天气真应该去外面玩儿玩儿。

　　A：＿＿＿＿＿＿＿＿！（主意　太）

　　B：你说咱们去哪儿？

　　A：香山怎么样？＿＿＿＿＿＿＿＿！（风景……极了）

　　B：行，别忘了带照相机。

3 根据指定内容，用下面的词语进行对话。

Make dialogues on the following topics using the words given below.

太……了　　可……了　　真
……极了　　够……的

(1) 看足球比赛。

(2) 看工艺美术品展览。

(3) 你什么运动最拿手？

(4) 你汉语怎么说得这么好？

4 模仿例句改写句子。

Rewrite the following sentences after the examples.

例：安娜做这个菜做得非常好。

　　→ 安娜做这个菜很拿手。

(1) 我的老师写毛笔字写得非常好。

(2) 格林包饺子包得又快又好。

(3) 他打篮球打得很好。

(4) 游泳、滑冰、打网球这三项运动，我游泳最好。

例：周末我们去颐和园的时候别忘了带照相机。

　　→ 周末我们去颐和园，到时候别忘了带照相机。

(5) 明天八点出发去参观，出发的时候叫一下儿小王。

(6) 周末是格林的生日，到那天咱们送他一件生日礼物。

(7) 星期日下午有足球比赛，到那时我们一起去看吧。

(8) 我想下个月回国，回去的时候再给你写信。

例：这双鞋比较合适，可是不够舒服。

　　→ 这双鞋比较合适，可是谈不上舒服。

(9) 这个职业还不错，不过不能说理想。

(10) 你穿这件衣服只是合适，可不算漂亮。

(11) 他汉语说得还清楚，但是不够好。

(12) 我认为这本书可以看，但不是很有意思。

例：今天的天气去颐和园倒挺合适，只是风大点儿。

　　→ 今天的天气去颐和园倒挺合适，就是风大点儿。

(13) 昨天玩儿得挺高兴，不过有点儿累。

(14) 这件衣服真漂亮，只是太贵了。

(15) 他倒没别的病，只是常感冒。

(16) 我喜欢滑冰，不过怕摔跟头。

5　选择 "得" "要" "会" "能" 或它们的否定式填空。

Fill in the blanks with "得"，"要"，"会"，"能" or their negative forms.

(1) A：你　会　打字吗？

　　B：　会　打。

　　A：今天下午　能　打吗？

　　B：不行，安娜下午　要　来宿舍找我，我　得　在房间等她。

(2) 他说好了　能　和我去看展览，怎么又　不能　去了？

(3) 你放心，明天早上六点出发，我　不能　迟到。

(4) 明天老王 ~~要~~ 坐早班车走，所以今晚 ~~得~~ 早点儿睡。

(5) 他刚 会 滑冰，所以还 不能 滑得很快。

(6) 医生说木村还 ~~不~~ 得 再多休息几天，现在 ~~不~~ 能 上课。

6 用下列词语组成带程度补语的句子。

Make sentences with complements of degree using the words given below.

例：汉语　说　不错 → 格林汉语说得不错。

(1) 滑冰　漂亮　你滑冰滑得很漂亮。

(2) 房间　打扫　干净　我的房间她打扫~~得~~得干净。

(3) 病　　很重　~~他病~~病得很重。

(4) 汉字　写　　很快　汉字写得~~很~~快。

(5) 足球　踢　　棒极了　足球踢得棒极了

(6) 明天　得　　起　很早　明天我~~得~~得起很~~早~~早。

7 谈谈你们国家的人最喜欢什么运动，并说说为什么。

Talk about the kind of sports the people in your country like the best and why.

第五课　我跟你一起锻炼
I'll do exercises with you

课文 Text

A：木村！

B：哟，是山田。你好！

A：你好！好久不见了，你去旅行了？

B：没有。我母亲病了，回国看了看。

A：什么病？现在怎么样了？

B：人老了，心脏不太好。现在好多了，已经出院了。

A：这就好。不过，你脸色不太好，是不是也病了？

B：前几天感冒了，一直没好。

A：去医院看了吗？

B：去了，现在还打针吃药呢。

A：你经常运动吗？

B：这么忙，哪有时间啊！

A：越忙越要锻炼。早上空气好，可以跑跑步，打打

太极拳。经常锻炼锻炼就不容易感冒了。

B：现在太冷，明年春天再说吧。

A：我看，等你感冒一好就开始。我跟你一起锻炼。

B：不行啊，早上我起不来。

A：我去叫你，怎么样？

B：这么说，非锻炼不可了？

A B：当然，锻炼很重要。身体不好，怎么能学习和工作呢？

生词　New Words

1. 哟　（叹）　yō　*an interjection*
2. 好久　（形）　hǎojiǔ　*for a long time*
3. 旅行　（动）　lǚxíng　*to travel*
4. 病　（动、名）　bìng　*to fall ill，to be sick；illness*
5. 回　（动）　huí　*to return，to come back*
6. 老　（形）　lǎo　*old*
7. 心脏　（名）　xīnzàng　*heart*
8. 出院　　chū yuàn　*to leave the hospital*

⑨	脸色	(名)	liǎnsè	countenance，complexion
⑩	感冒	(名、动)	gǎnmào	cold；to catch a cold
⑪	一直	(副)	yìzhí	continuously，always
⑫	打针		dǎ zhēn	to have an injection
⑬	经常	(副)	jīngcháng	often
⑭	越……越……		yuè……yuè……	the more…，the more…
⑮	锻炼	(动)	duànliàn	to do physical exercises；to work out
⑯	空气	(名)	kōngqì	air
⑰	跑步		pǎo bù	to run
⑱	太极拳	(名)	tàijíquán	*taichi*
⑲	容易	(形)	róngyì	easy，likely
⑳	等	(动)	děng	to wait
㉑	开始	(动)	kāishǐ	to begin，to start
㉒	一起	(副)	yìqǐ	together
㉓	叫	(动)	jiào	to call
㉔	非……不可		fēi……bùkě	must，have to
㉕	当然	(副)	dāngrán	certainly

专名 Proper Nouns

| 木村 | Mùcūn | Kimura（name of a person） |
| 山田 | Shāntián | Yamada（name of a person） |

注释　Notes

1　回国看了看

有些动词可以重叠使用。单音节动词的重叠式是"AA"，如"看看"；如果动作是未完成的，还可以说成"A—A"，如"看一看"；如果动作是已完成的，要说成"A了A"，如"看了看"。

Some of the verbs can be reduplicated in one sentence. The reduplicated form of a monosyllabic verb is "AA", for instance "看看"；if the action has not been done, "A—A" can be used, for instance "看一看"；if the action has been done, "A了A" should be used, for instance "看了看".

双音节动词的重叠形式是"ABAB"，如"休息休息"，中间不能加"一"。

The reduplicated form of a disyllabic verb is "ABAB", for instance "休息休息", and "一" cannot be inserted.

动词重叠使用可以表示时间短或次数少。

The reduplicated verb form can indicate a short and quick action.

(1) 他笑了笑，没有说话。

(2) 他想了想，马上就回答出来了。

动词重叠还可以表示尝试。

The reduplicated verb form can indicate an attempt or trial.

(3) 这个收音机修理修理还能用。

(4) 我用用这支笔，看看怎么样。

如果动词表示的动作是经常性的或没有确定时间的，动词重叠含有"轻松""随便"的意思。

If the action happens frequently or irregularly, the reduplicated verb form expresses a light and relaxed tone.

(5) 经常锻炼锻炼就不容易感冒了。

(6) 他有时候打打球、看看电影，生活得很愉快。

(7) 夏天游游泳，冬天滑滑冰，身体一定会健康。

2 哪有时间啊

这是一个反问句。反问不需要回答，是一种表示强调的方式。陈述句和各种疑问句都可以加上反问语气构成反问句。以否定形式出现的反问句是强调肯定，以肯定形式出现的反问句是强调否定。

It's a rhetorical question. A rhetorical question needs no reply and its function is for emphasis. Declarative sentences and all types of interrogative sentences can be used in rhetorical tone. A negative rhetorical question is used to emphasize affirmation, but an affirmative rhetorical one emphasizes negation.

(1) 我哪知道这件事儿啊？（我不知道这件事儿）

(2) 他怎么不知道呢？（他知道）

3 越忙越要锻炼

"越 A 越 B" 表示在程度上 B 随 A 的加深而加深。

"越 A 越 B" means the degree of B increases with A.

A 和 B 的主语可以相同。

A and B can share the same subject.

(1) 风越刮越大。

(2) 这本书我越看越爱看。

A 和 B 的主语也可以不同。

A and B can have different subjects.

(3) 发音越难，我越要多练习。

(4) 我越着急，他越不告诉我。

4 这么说，非锻炼不可了

"非……不可"表示一定要这样。"非"后大多数是动词或动词短语，也可以用主谓短语或指人的名词或代词，有时还可加上能愿动词"得"。"不可"也可以换成"不行""不成"。

"非……不可" means must do something in this way. "非" often precedes verbs, verbal phrases, subject-predicate phrases, personal nouns or pronouns. Sometimes the auxiliary verb "得" can be used after "非". In "非……不可", "不行" or "不成" can be used instead of "不可".

(1) 听说妈妈要去看节目，她也非去不可。

(2) 要想开好这个舞会，非得他来组织不可。

练习 Exercises

1 回答问题。

Answer the following questions.

(1) 你以前得过病吗？什么病？

(2) 如果经常锻炼身体是不是不容易得病？

(3) 你经常锻炼身体吗？怎么锻炼？

(4) 非常忙的时候，你怎么锻炼？

(5) 来中国以后你也继续锻炼身体吗？什么时候？在哪儿锻炼？

2 模仿例句改写句子。

Rewrite the following sentences after the examples.

例：你身体不好更应该锻炼。

  → 你身体越不好越应该锻炼。

(1) 格林汉语说得比以前流利多了。

(2) 你瞧，飞机飞远了。

(3) 风比刚才刮得大多了，今天别出去了。

例：我从去年开始天天打太极拳。

  → 我从去年开始一直打太极拳。

(4) 我们从认识到现在是非常好的朋友。

(5) 他很早就希望能到中国学习汉语。

(6) 吃完饭以后，他除了看书没干别的。

(7) 我很早就听说过他的名字，可是从来没见过他。

例：母亲的病好了以后，我立刻回来了。

  → 母亲的病一好我就回来了。

(8) 我刚进家门，就接到了朋友来的电话。

(9) 我毕业以后，马上开始工作了。

(10) 他吃完饭，立刻上班去了。

(11) 他们家每到星期六都吃饺子。

例：这样的事儿就得问小王。

  → 这样的事儿非问小王不可。

(12) 这场足球赛，票不好买。你要买，一定要早去。

(13) 天这么冷，你穿的衣服这么少，一定会感冒的。

(14) 大夫说他的病还没好，不能出院，可是他一定要出院。

(15) 我请他留下，在我这儿吃饭，可是他一定要走。

③ 选择恰当的词语填空。

Fill in the blanks with the appropriate words from the list given below.

> 一直　　再说　　就　　多了　　非……不可
> 好久　　容易　　是不是　　一……就……

(1) 再等一会儿，老张这 __就__ 来。

(2) 我们 __好久__ 没出去散步了。

(3) 格林从五点就 __一直__ 站在外面等朋友。

(4) A：天真热，下午我们去游泳吧？

　　B：下课以后 __再说__ 。

(5) 他去外地已经好几天了，怎么还不来电话？__是不是__ 病了？

(6) 大夫让他好好儿休息，可他 __非__ 去上课 __不可__ 。

(7) 小王 __一__ 接到家里的信 __就__ 动身去上海了。

(8) 早晨的空气比中午好 __多了__ 。

(9) 天天锻炼身体就不 __容易__ 感冒了。

④ 用动词重叠式造句。

Make sentences with the verbs in their reduplicated forms.

例：看 → 你们都说这个电影不错，明天我也去看看。

(1) 听

(2) 打

(3) 叫

(4) 吃

(5) 研究

(6) 休息

(7) 修理

5 **根据指定内容进行对话。**

Make dialogues based on the following statements and questions.

(1) 旅行是我最喜欢的运动之一。

(2) 今年暑假我们天天去游泳，好吗？

(3) 等你的病好了，咱们就开始锻炼，怎么样？

(4) 没关系，起不来我叫你。

6 **谈谈你们国家的人怎样锻炼身体。**

Tell how the people in your country exercise to keep fit.

3 交通
Transportation

第六课　等车
Waiting for a bus

课文 Text

A：人真多呀，是不是好久没来车了？

B：不，现在车多，线路也多，一会儿就来车。

A：看样子，上班的人除了本地的以外，好像有不少外地人。

B：听说北京的流动人口已经超过五百万，外国人也越来越多。

A：真不得了，每次出门我最怕的就是挤车。

B：现在好多了。以前到了冬天，车更挤。

A：冬天，一个人要占不少地方，大家在车里挤来挤去，真不容易。

B：有时等了半天，车才来。

A：要是刮着西北风，冬天等车更受不了。

B：现在车不太挤了，道路也比以前好得多，又是环路，又是高架路、高速路，立交桥、过街桥也建了不少。

A：不过，道路好了，车又多起来了，堵车还是城市交通的大问题，人让车堵在路上，真头疼。

B：可不是嘛。好像来车了，是331吧？

A：是，咱们上吧！

生词　New Words

❶	交通	（名）	jiāotōng	traffic
❷	线路	（名）	xiànlù	line，route
❸	看样子		kàn yàngzi	it looks as if，it seems
❹	除了……以外		chúle……yǐwài	besides，except
❺	本地	（名）	běndì	local
❻	好像	（副）	hǎoxiàng	seemingly
❼	外地	（名）	wàidì	other parts of the country other than where one is

8	流动	(动)	liúdòng	to float
9	人口	(名)	rénkǒu	population
10	超过	(动)	chāoguò	to exceed，to surpass
11	不得了		bù déliǎo	serious
12	挤	(动、形)	jǐ	to crowd; crowded
13	占	(动)	zhàn	to occupy
14	半天	(名)	bàntiān	a long time，quite a while
15	要是	(连)	yàoshi	if
16	刮风		guā fēng	to blow
17	西北	(名)	xīběi	northwest
18	受不了		shòu bu liǎo	cannot bear，to be unable to endure
19	环路	(名)	huánlù	ring road
20	高架路	(名)	gāojiàlù	elevated highway
21	高速路	(名)	gāosùlù	expressway
22	立交桥	(名)	lìjiāoqiáo	overpass，flyover
23	过街桥	(名)	guòjiēqiáo	pedestrian overpass
24	建	(动)	jiàn	to build
25	堵车		dǔ chē	traffic jam
26	让	(介)	ràng	(to be used in a sentence of passive voice to introduce the agent)
27	头疼	(形)	tóuténg	headache

55

交通
Transportation

注释　Notes

1 上班的人除了本地的以外

"除了……（以外）"可以表示不计算在内（"以外"可以省去）。

"除了……（以外）" indicates that something is not included. "以外" can be omitted.

　　a. 表示从总体中减去不同的部分以后，剩下的部分都相同。后面常有"都""全"呼应。

It indicates that after deducting the part which is different from the whole, the rest are the same. "都" or "全" is often used in the latter part of the sentence.

(1) 除了他以外，我们都去故宫。

(2) 除了生病，他每天都来上课。

(3) 除了他不会游泳以外，我们全会游泳。

　　b. 表示相同的关系。后面常有"还""也"等呼应。

It indicates the same relationship. "还" or "也" is often used in the latter part of the sentence.

(4) 我除了游泳以外，还会滑冰。

(5) 他除了喜欢体育以外，也喜欢音乐。

(6) 我们除了星期日休息以外，星期六也休息。

　　c. 后面用"没（有）""不"强调唯一的事物或动作。

When the second part of the sentence has "没（有）" or "不", it emphasizes that the thing or action mentioned in the first part of the sentence is the only one.

(7) 除了长城以外，别的地方我都没去过。

(8) 除了星期六、星期日以外，每天我都不在家。

(9) 星期日我除了洗衣服以外，不做别的事儿。

2 好像有不少外地人

副词"好像"可以表示估计。

The adverb "好像" is used to make an estimation.

(1) 看样子，他好像病了。

(2) 你看他又说又笑，好像很高兴。

"好像"还可以表示曾有过某种印象。

"好像" can also indicate having an impression about something.

(3) 我好像在哪儿见过他。

(4) 那个书店好像卖过这种词典。

3 大家在车里挤来挤去

"动词＋来＋动词＋去"这样的用法表示动作反复进行。

The structure "verb ＋来＋verb ＋去" indicates the repetition of an action.

(1) 这本书他看来看去不知道看过多少遍了。

(2) 他在屋子里走来走去，大概在想什么问题呢。

(3) 我想来想去，还是决定不去旅行。

4 有时等了半天，车才来

副词"才"可以表示认为行为动作实现得晚或经历的时间长，还

可以表示认为数量少。

The adverb "才" is used to indicate an action has taken place too late or too slowly, and it can also indicate that the speaker thinks the quantity is too small.

(1) 过了半个小时，他才来。（晚　late）

(2) 打了三次电话才找到他。（经历的时间长　long duration）

(3) 这件衣服才十块钱。（钱少　a small amount of money）

(4) 长城我才去过一次，应该多去几次。（去的次数少　low frequency）

5 人让车堵在路上

这是一个被动句。在汉语里，句子的主语是受事时，常常用介词"让""叫""给""被"引进施事者，组成被动句。用"让""叫"时必须有施事者，用"给""被"时施事者可有可无。"让""叫""给"比"被"口语化。

This is a sentence of passive voice. In such sentences when the subject of the sentence is a receiver of an action, the agent of the action is often introduced by a preposition, such as "让，叫，给" or "被". If the preposition of "让" or "叫" is used, the agent of the action must appear in the sentence. If "给" or "被" is used, the agent of the action may or may not appear in the sentence. A sentence of passive voice with the preposition of "让"，"叫" or "给" is more colloquial than the one with "被".

(1) 他叫/让车撞了，快去看看吧。

(2) 门被/给（风）刮开了。

(3) 他被/让同学叫走了。

(4) 他被/给（公司）派（pài　send）到国外去了。

6　人让车堵在路上，真头疼

"头疼"可以表示感到事情不好办、困难，可做定语、谓语。

"头疼" can mean that something is difficult to do. "头疼" can be used as an attribute or a predicate.

(1) 你看他那不高兴的样子，一定是遇到了头疼的事儿。

(2) 他最头疼的是写汉字。

(3) 这件事儿真让人头疼。

练习　Exercises

1 回答问题。

Answer the following questions.

(1) 来北京以后你坐过公共汽车吗？坐过地铁吗？说一说你坐车、等车的情况。

(2) 你去过的地方，哪儿的流动人口最多？

2 用指定词语完成对话。

Complete the dialogues with the words given in the brackets.

(1) A：_好像快下雨了。_____。（好像）

　　B：那我们别骑车去了，坐车去吧。

(2) A：格林今天怎么没有来上课？

　　B：_他好像病了。_____。（好像）

(3) A：明天我们去参观展览，格林知道不知道？

　　B：_好像他不知道。_____。（好像）

(4) A：看样子 shāng 商店 以经 关门了_____。（看样子）

B：很可能，现在都晚上十二点了。

(5) A：怎么等车的人这么多？

B：看样子，路上 lùshang 堵车了。_____。（看样子）

(6) A：都九点了，他怎么还没起床？

B：看样子，昨天他学得很晚。_____。（看样子）

3　模仿例句改写句子。

Rewrite the following sentences after the examples.

例：这星期我每天晚上都在家，只有星期五我得出去。

→ 这星期除了星期五以外，我每天晚上都在家。

(1) 今天只有格林没来上课，别人都来了。

(2) 滑冰我比较拿手，别的运动都不行。

(3) 我每天早晨跑步，下午还踢足球。

(4) 他会汉语，还会英语和法语。

例：我最不愿意周末去商场买东西，太挤了。

→ 我最头疼的是周末去商场买东西，太挤了。

(5) 坐车这么挤，真叫人不舒服。

(6) 他遇到了一件很难办的事儿，不知道怎么办才好。

(7) 旅行时，最困难的是买车票。

(8) 去那个地方最叫人不高兴的是坐车太不方便。

4 选择恰当的词语填空。

Fill in the blanks with the appropriate words from the list given below.

看样子　半天　不得了　来　才　占　去

(1) 他为什么一个人 __占__ 两个座位？

(2) 这小家伙在房间里跑 __来__ 跑 __去__ ，怎么也不累？

(3) 我的书包呢？我找了 __半天__ 了。

(4) __看样子__ ，今天要下雨。

(5) 超市里的人多得 __不得了__ 。

(6) 他早说要去医院看病，可到今天 __才__ 去。

5 用下面的短语造句。

Make sentences with the phrases given below.

(1) 挤来挤去

(2) 写来写去

(3) 找来找去

(4) 想来想去

6 谈谈一次旅行的情况。

Talk about one of your travelling experiences.

兵马俑
bīng mǎ yǒng

钟楼
zhōng lóu

第七课　好漂亮的自行车
What a beautiful bicycle

课文 Text

A：好漂亮的自行车！什么时候买的？

B：昨天刚买来，还是名牌货呢。

A：住在大城市里，有辆自行车，上街就方便多了。

B：有时候骑车比坐公共汽车还快呢，堵车的时候也不怕。

A：有一次我坐车、玛丽骑车，我们约定在百货大楼门口见，你猜结果怎么样？ *Face dripping with sweat*

B：你换了两次车、满头大汗赶到的时候，她已经吃 *mǎn tóu dà hàn* 了好几根冰棍儿了。

A：一定是她告诉你的。

B：我想，北京骑自行车的人很多，怕堵车也是一个重要的原因吧？

A：听说很多家庭，差不多每人都有一辆自行车。

B：中国大概是自行车最多的国家吧？

A：是的。刚来的时候，看到街上那么多自行车，我觉得很惊奇。

B：我父亲挺喜欢骑车，他还打算明年来"自行车王国"骑车呢。

A：我也打算买一辆。你这个牌子的还有吗？

B：有啊，多着呢。你赶快去吧。

A：除了这种以外，还有别的名牌车吗？

B："捷安特"和"永久"也很有名。

A：我马上就去买。要是我买到了车，这个星期天咱们骑车去圆明园吧。

B：行啊。

交通
Transportation

生词　New Words

№	词	词性	拼音	释义
1	刚	（副）	gāng	just，exactly
2	名牌	（名）	míngpái	name brand
3	货	（名）	huò	goods，commodity
4	城市	（名）	chéngshì	city
5	上街		shàng jiē	to go to town，to go shopping
6	方便	（形）	fāngbiàn	convenient
7	骑	（动）	qí	to ride
8	约定	（动）	yuēdìng	to appoint，to arrange
9	百货大楼		bǎihuò dàlóu	department store（Here it refers to Beijing Department Store.）
10	门口	（名）	ménkǒu	entrance，doorway
11	猜	（动）	cāi	to guess
12	赶	（动）	gǎn	to hurry
13	根	（量）	gēn	*a measure word*
14	冰棍儿	（名）	bīnggùnr	ice-lolly，popsicle
15	一定	（副）	yídìng	certainly
16	原因	（名）	yuányīn	reason
17	差不多	（形、副）	chàbuduō	almost；nearly
18	觉得	（动）	juéde	to feel，to think
19	惊奇	（形）	jīngqí	surprised，surprising
20	挺	（副）	tǐng	quite，rather
21	打算	（动、名）	dǎsuàn	to intend，to plan；intention

㉒	王国	（名）	wángguó	kingdom
㉓	牌子	（名）	páizi	brand，trademark
㉔	赶快	（副）	gǎnkuài	quickly，at once
㉕	有名	（形）	yǒumíng	well-known，famous

专名　Proper Nouns

玛丽	Mǎlì	Mary
捷安特	Jié'āntè	Giant（brand of a bicycle）
永久	Yǒngjiǔ	Forever（brand of a bicycle）
圆明园	Yuánmíng Yuán	Yuanming Yuan，originally a large imperial garden in the Qing Dynasty

注释　Notes

1　好漂亮的自行车

　　"好＋形容词"，"好"可以表示程度深，含有感叹的语气。

　　The structure "好＋adj." indicates that the degree of something has reached a high level. It implies an exclamatory tone.

(1) 好冷的天气啊！

(2) 大街上好热闹。

(3) 昨天好晚我才睡。

12 什么时候买的

这句话还可以说成"是什么时候买的"。"（是）……的"表示动作已经发生，可以用来说明动作发生的时间、地点、方式等。"是"在肯定句中可以省略，在否定句中不能省略。

The sentence can be said as "是什么时候买的". The structure "（是）……的" can indicate that the action has already been done. The structure indicates the time or place of the action, or how the action took place. "是" can be omitted in affirmative sentences, but not in negative sentences.

(1) 我（是）八点来的。（时间）

(2) 我（是）骑自行车来的。（方式）

(3) 我的钱包不是在公园丢的。（地点）

如果动词有宾语，宾语是受事，则宾语一般在"的"后。

If an object follows the verb and is the receiver of the action, the object is generally placed after "的".

(4) 我（是）在王老师家吃的饺子。

(5) 他不是在中国学的汉语。

如果宾语是处所词，在"的"前后均可。

If the object is a word indicating location, it can be placed either before or after "的".

(6) 我（是）八点来的教室。

　　我（是）八点来教室的。

(7) 我不是坐汽车去的长城。

　　我不是坐汽车去长城的。

3 昨天刚买来

"来"在动词"买"后，是简单趋向补语，表示动作是向着说话人所在地进行的。反之，表示动作是背离说话人所在地进行的，要用"去"。

"来"，after the verb "买"，is the simple complement of direction. It indicates that the action is coming towards the direction of the speaker. If the action is away from the speaker's direction, "去" should be used after the verb.

(1) 他从楼上下来了。（说话人在楼下）

(2) 我马上就下去。（说话人在楼上）

如果有宾语，宾语是表示物的，位置比较自由，一般放在补语之后，也可放在动词和补语之间。

If there is an object indicating a thing, the object can be put either between the verb and the complement, or after the complement.

(3) 我给他拿来一支铅笔。
    我给他拿一支铅笔来。

(4) 我给他带来一本书。
    我给他带一本书来。

如果宾语是表示处所的，则只能在动词和补语之间。

If the object indicates location, the object can be placed only between the verb and the complement.

(5) 我下楼去。

(6) 你进屋来吧。

4 我父亲挺喜欢骑车

动词短语"骑车"在这里做动词"喜欢"的宾语。有些表示心理状态的动词常带动词短语做宾语。另外，"进行""开始""继续"等动词

也常常带动词短语做宾语。

The verbal phrase "骑车" is the object of the verb "喜欢". Verbs indicating mental states often have a verbal phrase as the object. Other verbs, such as "进行", "开始" and "继续", also often take a verbal phrase as the objects.

(1) 我希望早点儿接到妈妈的信。

(2) 明天我们将对这个问题进行讨论。

(3) 病好了以后，他继续锻炼身体。

(4) 去年我才开始学汉语。

练习 Exercises

1 回答问题。

Answer the following questions.

(1) 你会骑自行车吗？是什么时候学会的？

(2) 来中国以后你骑过自行车吗？

(3) 为什么中国的大城市骑车的人特别多？

(4) 为什么说中国是"自行车王国"？

2 用指定词语回答问题。

Answer these questions using the words given in the brackets.

(1) A：快十点了，他怎么还在吃早饭呢？

B：<u>他刚五分钟前开始吃了。</u> 。（刚）

(2) A：小家伙的病怎么样了？

B：<u>他刚好了。</u> 。（刚）

(3) A：这是我昨天刚买的毛衣，你看怎么样？

B：<u>我觉得你很漂亮。</u> 。（觉得）

<u>的服衣</u>

(4) A：你为什么经常骑车上班？

B：<u>我觉得骑车很有意思。</u>。（觉得）

(5) A：你什么时候回家乡看看？

B：<u>我打算~~要~~八月底 回家乡</u>。（打算）

(6) A：他为什么迟到了？

B：<u>我不知道，不过他一定有个原因</u>。（一定）

(7) A：小王，听说今天是你的生日。

B：你怎么知道的？<u>我一定没告诉你。</u>。（一定）

3 根据指定内容，用下面的词语进行对话。

Make a dialogue based on the following statements and questions using the words given below.

> 猜　是……的　一定　挺　还

例：朋友送我一条裙子。

A：这条裙子真漂亮！你穿还挺合适。

B：是吗？你猜是谁送我的？

A：你妈妈？

B：不对，是我的一个朋友送的。她是在我二十岁生日那天送的。是在美国最好的一家商店里买的。

A：这么说，你朋友一定很喜欢你。

B：我也喜欢她。

(1) 我的书包不见了。

(2) 我去看格林了。

(3) 护照不见了。

(4) 昨天我们去看京剧了。

交通
Transportation

4 选择恰当的词语填空。

Fill in the blanks with the appropriate words from the list given below.

> 刚　　挺　　原因　　　名牌货　　差不多
> 来　　去　　一定　　　有名　　　约定

(1) 昨天看京剧，同学们 <u>差不多</u> 都去了。

(2) 这小家伙 <u>一定</u> 是他的孩子，长得跟他一样。

(3) 坐公共汽车 <u>挺</u> 快的，就是等车时间太长。

(4) 你 <u>刚</u> 来，为什么现在就要走？

(5) 他八点从家里出去的，可能到机场接朋友 <u>去</u> 了。

(6) 她好像哭了，你知道是什么 <u>原因</u> 吗？

(7) 你看，小王买 <u>来</u> 一个照相机。

(8) 这个工厂生产的自行车很 <u>有名</u> 。

(9) 我们 <u>约定</u> 我生日那天他来我家做客。

(10) 你说这东西是 <u>名牌货</u> ，我看不太像。

5 从括号里选择词语填空。

Fill in the blanks with the appropriate words given in the brackets.

(1) 昨天我去他房间的时候，你 _____ 他正在干什么呢？
（认为　觉得　(猜)　想）

(2) 格林的新车真 _____ 漂亮 _____ 。
（非……不可　除了……以外　(够……的)　越……越……）

(3) 他来电话，告诉我有急事儿，叫我 _____ 去他那儿。
（一定　(赶快)　还是　到时候）

(4) _____ 要好好儿休息。 (~~不好的心脏~~ （心脏不好） 心脏)

(5) _____ 车还是名牌呢。 （他骑来的） 他骑来得

（他骑的） 他骑得)

(6) _____ 不太容易。 (唱英文歌好　唱得好英文歌

（唱好英文歌）（唱英文歌唱得好）

(7) 他们都喜欢 _____。 （吃我做的饭） 吃我做饭

吃我做得饭 （吃饭）)

(8) 我去参加 _____ 比赛。 （一个很重要的足球）

重要的一个足球　一个足球很重要的　重要足球)

6　谈谈骑车的优点和缺点。

Talk about the advantages and disadvantages of travelling by bike.

4 文艺
Art

第八课　我想她更喜欢跳舞
I think she likes dancing better

课文 Text

A：今天晚上有文艺演出，你去不去看？

B：我已经答应小岛一起去参加舞会了。

A：真遗憾！听说有不少名演员上场呢。

B：真的吗？

A：当然，我骗过你吗？

B：我既想跳舞，又想看演出，怎么办呢？

A：还是看演出吧。

B：我得跟小岛商量商量。

A：小岛是你的同屋吗？

B：不，她住在隔壁。

A：哦，就是那个眼睛大大的姑娘吗？她喜欢跳舞？

B：对，她钢琴也弹得不错。

A：她既喜欢跳舞，又会弹钢琴，我想她一定也喜欢看文艺演出。

B：我想她更喜欢跳舞。

A：为什么？

B：她妈妈以前是舞蹈演员，她常常跟妈妈学跳舞。

A：怪不得呢。想起来了，我看过她跳舞，跳得是好。

B：我们现在就去问问她，听听她的意见。

A：瞧，那是谁来了？

B：太巧了，正是她！

生词　New Words

❶	文艺	(名)	wényì	literature and art
❷	跳舞		tiào wǔ	to dance
❸	演出	(动)	yǎnchū	to perform
❹	答应	(动)	dāying	to promise
❺	参加	(动)	cānjiā	to take part in
❻	舞会	(名)	wǔhuì	a dance party
❼	演员	(名)	yǎnyuán	performer

⑧	上场		shàng chǎng	to appear on the stage
⑨	骗	(动)	piàn	to cheat，to deceive
⑩	既……又……		jì……yòu……	both. . . and. . .
⑪	跟	(介)	gēn	with
⑫	商量	(动)	shāngliang	to discuss，to consult
⑬	同屋	(名)	tóngwū	roommate
⑭	隔壁	(名)	gébì	next door
⑮	哦	(叹)	ò	*an interjection*
⑯	姑娘	(名)	gūniang	girl
⑰	钢琴	(名)	gāngqín	piano
⑱	弹	(动)	tán	to play（the piano，guitar...）
⑲	为什么		wèi shénme	why
⑳	舞蹈	(名)	wǔdǎo	dance
㉑	怪不得	(副)	guàibude	no wonder，so that's why
㉒	意见	(名)	yìjiàn	idea，opinion
㉓	巧	(形)	qiǎo	coincidental
㉔	正	(副)	zhèng	just，right

专名 Proper Noun

小岛　　　Xiǎodǎo　　　Kojima（name of a person）

注释　Notes

1　听说有不少名演员上场呢

　　"听说"的宾语是一个带"有"的兼语句，表示存在。另外，兼语句还有表示使令意义的，第一个动词一般用"请""让""叫""使"等；还有表示称谓或认定意义的，第一个动词一般用"叫""选""认"等。

　　The object of "听说" is a pivotal sentence with "有". It indicates that something exists. Generally speaking, verbs indicating request, command, etc. such as "请", "让", "叫" and "使" are often used as the first verb in a pivotal sentence. Other verbs indicating addressing, confirmation or selection, such as "叫", "选" and "认", are used as the first verb in a pivotal sentence.

(1) 我有好几个同学都在北京。

(2) 小岛请我去跳舞。

(3) 我们选她做我们大家的代表。

2　我骗过你吗

　　"动词＋过"表示曾经有过某种经历，所以只能用于过去，否定式是"没（有）＋动词＋过"。如果有宾语，宾语在"过"后边。句中常有"从前""以前""过去"等时间词做状语。

　　"Verb＋过" indicates that one has already undergone a certain experience. This structure is only used for the past action. Its negative form is "没（有）＋ verb ＋过". If there is an object, the object is put after "过". In such sentences, time words, such as "从前", "以前" and "过去", are often used as adverbials.

(1) 以前我没去过长城。

(2) 我小时候学过一点儿汉语。

如果句中用了表示经验的"过"，就不再用语气助词"了"。如果语气助词"了"前有"过"，这个"过"就不是表示经验的，而是表示动作完成的，相当于动态助词"了"。

In general, in a "verb ＋ 过" sentence, the modal particle "了" is not used. If there is a "了" in a "verb＋过" sentence, the "过" does not indicate the experience, but indicates a completed action. It functions as the aspectual particle "了".

(3) 你吃过饭了吗?

(4) 这个电影我看过了，不想再看了。

3 我既想跳舞，又想看演出

　　"既……又（也）……"可以连接并列关系的词，也可以连接并列关系的短语。

　　"既……又（也）……" can link words or phrases of coordinate relations.

(1) 那个演员既漂亮，又演得好。

(2) 我既不会抽烟，也不会喝酒。

(3) 这次到中国，我既学了汉语，又游览了不少名胜古迹。

4 还是看演出吧

　　副词"还是"可以表示通过比较而有所选择。

　　The adverb "还是" indicates the choice is made after comparison.

(1) A：咱们明天去看足球比赛好吗?

　　B：还是星期天去吧，明天我得去公司。

(2) A：听说颐和园现在有很多荷花，咱们星期天去看荷花吧!

　　B：看荷花还是去圆明园吧!

5 就是那个眼睛大大的姑娘吗

　　形容词可以重叠使用，单音节形容词的重叠式是"AA"，双音节形容词的重叠式是"AABB"。形容词重叠做定语和谓语具有描写作用，做状语和补语可以表示程度深。

Adjectives can be used in a reduplicated way. The reduplicated form of a monosyllabic adjective is "AA". The reduplicated form of a disyllabic one is "AABB". Reduplicated adjectives acting as an attribute or a predicate have a descriptive function, while acting as an adverbial or a complement they indicate a high degree.

(1) 那棵高高的树上有一只雪白的小鸟。
(2) 我要穿得漂漂亮亮的，高高兴兴地过新年。
(3) 那间屋子干干净净的，舒服极了。

　　能重叠的形容词大多是日常生活中常用的，但有些形容词不能重叠，如"美丽""困难""重要"等。

Adjectives that can be used in a reduplicated form are, in most cases, those frequently used in everyday life. Some adjectives, however, such as "美丽", "困难" and "重要" cannot be used in this way.

6 怪不得呢

　　表示明白了某一事实或情况发生的原因，不再觉得奇怪。前后常有表示原因的语句。

It indicates an understanding of the reason for a fact or situation, and one no longer feels puzzled. Before or after "怪不得", there is often a sentence to indicate the reason.

(1) 怪不得发音这么好呢，原来他在中国学过汉语。

(2) A：小李住院了。

   B：怪不得这几天没见到他。

(3) A：今天真凉快！

   B：昨天晚上下雨了。

   A：怪不得呢。

7 想起来了

"起来"充当趋向补语，可以表示通过动作使事物由分散到集中。"想起来"是使记忆恢复，使记忆中的事物又集中到脑海中的意思。

"起来", a complement of direction, indicates that separate things come together through an action. "想起来" means that one remembers something that one forgot before, making the things in one's memory gather together in one's mind.

(1) 请你把这些东西收起来，我要在这儿看一会儿书。

(2) 他把那几本书包起来了。

8 跳得是好

"是"可以表示肯定，有"的确""实在"的意思。当"是＋形容词"中的形容词没有修饰语时，"是"一般都重读。

The word "是" here means really or indeed. In the structure "是＋adj." with no modifier in front of the adjective，"是" is often stressed.

(1) 她钢琴弹得是不错，我听过。

(2) 北京的自行车是多。

(3) 这首歌儿是好听，我很喜欢。

练习 Exercises

1 回答问题。

Answer the following questions.

(1) 你经常看文艺演出吗？是外国的还是你们国家的？

(2) 你最喜欢看什么文艺演出？

(3) 你最喜欢什么艺术，音乐、舞蹈还是绘画？

(4) 在艺术方面，你什么最拿手？你参加过比赛吗？

2 模仿例句改写句子。

Rewrite the following sentences after the examples.

例：今天的舞会你去吗？

　　→ 今天有舞会，你去吗？

(1) 我们去参观那儿的展览，好吗？

(2) 你看不看学校演的电影？

(3) 昨天电视里的京剧你看了吗？

(4) 格林参加学校的游泳比赛吗？

例：小王会说英语，也会说法语。

　　→ 小王既会说英语，又会说法语。

(5) 安娜懂音乐，也懂美术。

(6) 听说他的女朋友很漂亮，也很聪明。

(7) 这些天他很忙，也很累。

(8) 他汉语说得很流利，也很准确。

例：房间打扫得很干净。

　　→ 房间打扫得干干净净。

(9) 他非常轻地关上门走了。

(10) 人们安静地坐在座位上，等着电影开演。

(11) 你瞧，那边来了一个漂亮姑娘。

(12) 你说的话我听得很清楚。

例：我正要去叫你，你就来了。

　　→真巧（太巧了），我正要去叫你，你就来了。
　　昨天我去你家的时候，你出去了。

　　→ 真不巧（太不巧了），昨天我去你家的时候，你出去了。

(13) 我在去他家的路上遇见了他。

(14) 我想叫他和我一起去看这个电影，可他看过了。

(15) 安娜买的这件毛衣我挺喜欢，可我去买的时候，已经卖
　　　完了。

(16) 教我汉语的李老师也教过我的朋友。

3 **用指定词语完成对话。**
Complete the dialogues with the words given in the brackets.

(1) A：刚五点，你怎么就起床了？

　　B：我去机场接朋友。

　　A：_____。(怪不得　早　起)

(2) A：你钢琴弹得怎么这么好？

　　B：我母亲是个钢琴家，我从五岁开始跟她学钢琴。

　　A：_____。(怪不得　有　老师)

(3) A：格林呢？

　　B：去大使馆了。

　　A：_____。(怪不得　来　上课)

(4) A：今天没风，骑车去吧，坐公共汽车还得等。

B：＿＿＿＿＿＿＿＿＿＿＿＿＿。（离　远　还是　坐）

(5) A：你别做饭了，太麻烦了，咱们出去吃吧。

B：＿＿＿＿＿＿＿＿＿＿。（不　麻烦　还是　我　这儿）

(6) A：我去买吧，你在房间里等我，好吗？

B：＿＿＿＿＿＿＿＿＿＿＿＿。（还是　一起　买）

(7) A：听说他不喜欢他的职业。

B：对，＿＿＿＿＿＿＿＿＿＿＿。（职业　是　理想）

(8) A：你怎么了？好像不舒服。

B：可能有点儿发烧，＿＿＿＿＿＿＿＿。（看来　是　病）

4 根据指定内容，用下面的词语进行对话。

Make dialogues based on the following questions using the words given below.

怪不得　　听说　　又……又……　　不过　　过

例：A：她跳舞跳得真好！她一定学过许多年。

B：可不，她从八岁开始学习跳舞。听说她是跟一个有名的舞蹈家学的。

A：怪不得呢，她跳得这么美。你知道吗？她钢琴弹得也很好。

B：知道，她也是那时候开始学的。

A：她又学跳舞，又学弹钢琴，还要上课，每天一定够紧张的。

B：是的，不过她很聪明，学得都很好。

(1) 这张画儿是谁画的？

(2) 你喜欢什么艺术？

(3) 你喜欢听音乐吗？为什么？

5 选择恰当的词语填空。

Fill in the blanks with the appropriate words from the list given below.

> 那边　过　意见　挨　答应　骗　上场

(1) ＿＿＿＿＿的房间怎么一直没人住？

(2) 他刚才摔得挺厉害，不能再＿＿＿＿＿参加比赛了。

(3) 我们都认为今天去比较合适，你的＿＿＿＿＿呢？

(4) 小家伙＿＿＿＿＿打了，因为他又＿＿＿＿＿他妈妈了。

(5) 他＿＿＿＿＿老师明天不迟到。

(6) 以前我见＿＿＿＿＿你朋友的照片，现在他大学毕业了吗？

6 根据下面的情景写（或说）一段短文（或对话）。

Give a talk or write a paragraph based on the situation given below.

听说你最喜欢的名演员要来你们城市演出。票非常难买，不过你最后还是买到了。你盼望演出这天早点儿到来。当你正要去剧场的时候，发现票不见了。

7 谈谈你们国家的老年人、年轻人、孩子们最喜欢的艺术形式。

Tell about the art forms best loved by the old, the young and the children in your country.

第九课　看电影学语言
Learning the language through watching movies

课文 Text

A：这部电影是最近拍的吧？

B：对，是一个挺有名的导演拍的。

A：我好久没看到这么好的电影了。

B：我喜欢它独特的风格。

A：那个女演员并不漂亮，但是有一种自然美。

B：演得也很出色。我认为她是一个性格演员。

A：她在中国有名吗？

B：谈不上有名，这是她拍的第二部电影。

A：看上去她确实挺年轻。

B：大概才二十多岁吧。

A：她的声音也好听。

B：演她妈妈的是个老演员。

A：她们俩长得有点儿像，说不定真是母女俩。

B：我想不会那么巧。

A：我觉得看电影是学习语言的好方法，而且可以更好地了解中国。

B：是啊。里面的对话你都听得懂吗？

A：有些话听不懂，常常是中国观众笑的时候，我不笑，我只是看着他们笑。

B：什么时候你能跟他们一起笑了，你的汉语就学好了。

A：就等着那一天吧！

生词 New Words

1	部	(量)	bù	a measure word
2	最近	(名)	zuìjìn	recently，lately
3	拍	(动)	pāi	to shoot（a film）
4	导演	(名)	dǎoyǎn	director（of a film）
5	独特	(形)	dútè	unique，distinctive
6	风格	(名)	fēnggé	style
7	自然	(形、名)	zìrán	natural；nature
8	演	(动)	yǎn	to perform，to act
9	出色	(形)	chūsè	excellent，remarkable
10	认为	(动)	rènwéi	to think，to consider
11	性格	(名)	xìnggé	character，disposition
12	确实	(形)	quèshí	really，indeed
13	声音	(名)	shēngyīn	voice，sound
14	好听	(形)	hǎotīng	pleasant to the ear
15	俩	(数量)	liǎ	two（a numeral classifier）
16	像	(动)	xiàng	resemble，take after
17	说不定	(副)	shuōbudìng	perhaps，maybe
18	方法	(名)	fāngfǎ	method，way
19	而且	(连)	érqiě	and，besides，moreover
20	了解	(动)	liǎojiě	to understand，to find out
21	对话	(名)	duìhuà	dialogue，conversation
22	有些	(代)	yǒuxiē	some
23	观众	(名)	guānzhòng	audience，spectator

注释　Notes

1 这是她拍的第二部电影

　　"第＋数量短语"表示序数，如"第一次""第二个星期""第五排座位"。有时数词本身也表示序数，可以不加"第"，如"九楼""三月六号""三年级"。

　　"第＋ a numeral-classifier compound" indicates an ordinal number, such as "第一次", "第二个星期" and "第五排座位". Sometimes a numeral itself can stand for an ordinal numeral, such as "九楼", "三月六号" and "三年级" and "第" is omitted.

(1) 我到北京第二天就认识了小王。

(2) 第一节课是八点开始上。

(3) 我住在三层 306 号，你有空儿来玩儿吧。

2 看上去她确实挺年轻

　　"看上去"是从外表估计、打量的意思，做插入语。

　　The parenthesis "看上去" expresses one's estimation of somebody or something from outer appearance.

(1) 看上去她很累。

(2) 小方看上去很年轻，其实（qíshí actually）已经是孩子的妈妈了。

3 大概才二十多岁吧

　　"多"用在数（量）词后，表示不确定的零数。

　　The word "多" after a numeral or numeral classifier compound indicates an indefinite number.

a. 数词是十以上的整数时，"多"表示该整位数以上的零数。排列顺序为"数词＋多＋量词（＋名词）"。

If a numeral is an integer over ten, "多" indicates the remaining sum beyond the integer. The pattern should be "numeral＋多＋ a measure word （＋noun）".

(1) 我有二十多本书。

(2) 一年有三百多天。

(3) 从这儿到他家有二百多公里。

b. 数词是个位数或带个位数的多位数时，"多"表示个位数以下的零数。这时的排列顺序为"数词＋量词＋多（＋名词）"。

If the numeral is a one-digit number or a multi-digit number with a ones place, "多" indicates the remaining sum under the ones place. The pattern should be "numeral＋a measure word＋多 （＋noun）".

(4) 我在北京住了一个多月。

(5) 我买这些零食花了 146 块多。

(6) 这件衣服得用两米多布。

量词是度量词、容器量词、时间量词或倍数时，名词前可以加"的"。

When the measure word indicates measurement, capacity, duration of time or multiple, the word "的" can precede the noun.

(7) 从这儿到他家有二百多公里（的）路。

(8) 这件衣服得用两米多（的）布。

(9) 他在北京住了三年多（的）时间。

4 她们俩长得有点儿像

副词"有点儿"用在动词或形容词前表示程度不深。"有点儿"可

以说成"有一点儿",是"略微""稍微"的意思。

The adverb "有点儿" is used in front of a verb or an adjective to indicate a slight degree. "有(一)点儿" means slightly or somewhat.

(1) 今天有（一）点儿热。

(2) 他说的话我有（一）点儿听不明白。

(3) 他为什么有（一）点儿不高兴？

5 我觉得看电影是学习语言的好方法，而且可以更好地了解中国

连词"而且"可以连接并列的动词、形容词和句子，表示进一层的意思。"而且"后边常常有"也""还"。

The conjunction "而且" can link coordinate verbs, adjectives or clauses to express some further meaning. After "而且", "也" or "还" is often used.

(1) 那个演员有一种自然美，而且演得也很出色。

(2) 那条大街很干净，而且也很热闹。

(3) 学习汉语不但要努力，而且要有好方法。

6 里面的对话你都听得懂吗

"听得懂"是动词带可能补语。它的否定式是"听不懂"。

"听得懂" is a verb taking a complement of possibility. Its negative form is "听不懂".

"动词＋结果补语"和"动词＋趋向补语"的结构，要表示是否能实现时，在动词和补语之间加"得"或"不"，构成可能补语，即"动词＋得/不＋结果补语/趋向补语"。

When expressing possibility of realization with the structure of "verb＋complement of result" or "verb＋complement of direction", the word "得" or "不" should be used between the verb and the complement to

form a complement of possibility. The structure should be "verb＋得/不＋complement of result/direction".

(1) 我坐在这儿，看不清楚黑板上的字。
(2) 老师的话我都听得懂。
(3) 路太窄，车开不过去。
(4) 现在我脚疼，站不起来。

　　有些可能补语和动词结合得很紧，形成一个熟语性结构。如课文里的"谈不上""说不定"等。能带可能补语的动词大多数是单音节的。

Some complements of possibility link closely with verbs and become set phrases in colloquial language，such as "谈不上" and "说不定" in the text. In the sentences with complements of possibility，most of the verbs are monosyllabic.

7 就等着那一天吧

　　动态助词"着"用在动词后表示动作或状态的持续。

The aspectual particle "着" used after verbs indicates the continuance of an action or a state.

(1) 他慢慢地喝着茶，跟小王说着话。
(2) 这个房间的门关着，窗户开着。
(3) 桌子上放着两本词典、一个本子。

　　在连动句中，"着"在第一个动词后，可表示第二个动作持续进行的方式。

In a sentence with verbal constructions in series，"着" is put after the first verb to indicate how the second action continues.

(4) 她拿着花儿等朋友。

(5) 不要躺着看书。

(6) 他笑着走过来了。

否定时用"没","着"可以省略。

"没" is used in the negative form, in which "着" can be omitted.

(7) 墙上没挂着那件衣服。

(8) 门没关（着），你进去吧。

练习　Exercises

1　回答问题。

Answer the following questions.

(1) 你看过哪些国家的电影？你最喜欢哪国电影？

(2) 你看过中国电影吗？看过几部？

(3) 看中国电影时，你听得懂对话吗？能听懂多少？

2　模仿例句改写句子。

Rewrite the following sentences after the examples.

例：看样子你很健康。

　　→ 看上去你很健康。

(1) 她比较像父亲。

(2) 格林最近身体不太好。

(3) 他比去年老多了。

(4) 你好像刚二十岁。

例：你去看看这个电影吧，可能你会喜欢的。

　　→ 你去看看这个电影吧，说不定你会喜欢的。

(5) 让安娜试试这件衣服，很可能正合适。

(6) 你尝尝我做的鱼，也许味道还不错呢。

(7) 咱们去他的房间看看，恐怕他已经回来了。

(8) 问问格林，也许他知道这件事儿。

例：他汉语说得很清楚，也很流利。

　　→ 他汉语说得很清楚，而且很流利。

(9) 客人到来以前，他收拾好了房间，还准备好了饭菜。

(10) 她会跳舞，跳得还不错。

(11) 她认识格林，他们还是朋友。

(12) 他是这部电影的导演，也是这部电影的演员。

3 用"了""着""过"填空并进行对话。

Fill in the blanks with "了", "着" or "过", and carry on the dialogue.

A：听说又上演 着了 一部新电影。

B：叫什么名字？

A：叫——，格林说 过 了，我想不起来 了。

B：格林是不是看 过 这部电影？

A：好像看 过 。

B：咱们去问问他，说不定电影还不错呢。

A：你还想看电影啊？你忘 着了 上次咱们一起去看电影，你看 着 看着，怎么了？

B：哈哈，我睡 着 了。

A：那个电影一共一个半小时，你睡 了 差不多一个小时。

B：我觉得那个电影里的对话太快了，并且有的演员还说地方话。开始的时候，我听着还行，以后就越听越难懂了。我那时真不想看了，可是你看得还挺认真，我只好坐着等电影结束，坐着坐着，就睡着了。

A：你睡了一会儿以后，你猜我干什么了？

B：怎么，你也睡着了？

A：没有。那时我也听不懂了，可是看你睡得那么香，我没叫你。我出去坐了一会儿，电影快结束的时候，我才回来叫你的。

B：看来你也看不懂。

A：不过我没睡觉。这次你还想看，是不是又想在电影院里睡觉？

B：哪能呢！咱们去问问格林，要是电影里的对话不快，咱们还是去看吧，可以练习听力。

A：好吧，这次就听你的。

4 根据指定内容，用下面的词语进行对话。

Make dialogues based on the following statements using the words given below.

> 看上去　　像　　长得　　确实　　说不定　　要是

例：A：这照片是谁？是你妹妹吗？

　　B：不是，是我中学同学。

　　A：不过，你们俩确实挺像。

　　B：很多人都这么说，可她长得比我高多了。她现在是个舞蹈演员。她跳舞跳得很美。

A：<u>看上去</u>她很年轻。

B：她最近正在北京演出，你想看吗？<u>说不定</u>你也会喜欢
　她跳的舞。

A：<u>要是</u>能弄到票，我当然去看。

B：那没问题，我给你弄票。

(1) 你哥哥看上去比你还年轻。

(2) 她演得真好。

(3) 这个电影我还要再看一遍。

5 用"V 着"或"V 着 V 着"改写句中画线部分。
Rewrite the underlined parts with "V 着" or "V 着 V 着".

(1) 格林收到朋友的一封信，<u>他看信的时候笑了</u>。

(2) 他喜欢站在一个地方看书。

(3) 安娜中午常常听音乐，<u>有时候听一会儿就睡着了</u>。　*tingzhe tingzhe*

(4) 昨天我骑车去买东西。<u>骑了一会儿</u>，听见有人叫我，我
　停下来一看，是格林。

(5) 你瞧那个小家伙，<u>滑得正高兴的时候</u>，摔了个大跟头。　*滑着 滑着*

6 选择恰当的词语填空。
Fill in the blanks with the appropriate words from the list given below.

性格	声音	出色	风格	像	才
自然	方法	导演	观众	独特	俩

(1) 那个歌唱演员的 <u>声音</u> 真美，她唱的歌儿很有自己
　的 <u>风格</u> 。

(2) 在这部电影里，她们演得很 <u>出色</u> ，真 <u>像</u> 母女 <u>俩</u> 。

(3) 他是一位 <u>独特</u> 的电影导演，拍过不少 <u>观众</u> 喜欢的影片。

(4) 这小家伙的 <u>性格</u> 很像他父亲。

(5) 现在快九点了，你 <u>才</u> 起床。

(6) 多听、多说是学习外语的好 <u>方法</u> 。

(7) 他是一名年轻的导演，他 <u>_____</u> 的电影艺术风格很 <u>_____</u> 。

7 介绍一位你最喜欢的演员或导演。

Talk about an actor （actress） or a director you love most.

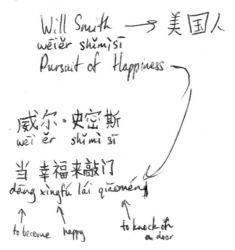

第十课　中国书法和中国画
Chinese calligraphy and Chinese paintings

课文 Text

A：在中国，有的人字写得好，画儿也画得好，中国书法和绘画有什么关系呢？

B：听说很有关系。最早的汉字是一种简单的画儿，后来慢慢成了现在的文字。

A：那么说，简单的画儿越来越丰富，后来发展成了有民族特点的中国绘画，是吗？

B：是这样，汉字和中国画开始是一家，后来变成了两家。

A：中国有些书法家也是画家，有些画家的书法也很好。

B：中国书法和绘画用的笔、墨、纸一样，用笔的方法也差不多。

5 根据指定内容，选择下列词语进行对话。

Make dialogues based on the following questions using the words given below.

中国画	风景画	山水画	花鸟画
人物画	内容丰富	书法	特点 风格
独特	自然	简单	发展 变成

(1) 在书法课或绘画课上，你学到了什么？

(2) 我们一起去看中国画展，好吗？

(3) 这个画展你喜欢吗？

6 用下面的词语造句。

Make sentences with the words given below.

(1) 虽然……但是（可是）……

(2) 和……一样

(3) 发展

(4) 变

(5) 后来

7 从括号里选择词语填空。

Fill in the blanks with the appropriate words given in the brackets.

(1) 他一个月以前来过我这儿，_后来_ 再没来过。(后来　从来)

(2) 今天我没空儿，_以后_ 有时间再和你一起去看他吧。

（后来　以后）

(3) 前几年我在上海见过他，听说 ___后来___ 他去南方了。
(后来　以后)

(4) 去年我来北京的时候他还在这儿，三个月 ___以后___ 他就出国了。(后来　以后)

(5) 从现在到大学毕业我打算住在父母那儿，工作 _____ 我准备租房子住。(后来　以后)

(6) 他俩说话的声音挺 _____。(好像　像)

(7) A：明天你跟我们一起去爬山吗？

B：要是 _____ 今天这样的天气，我就去。(好像　像)

(8) 秋天了，树叶慢慢地 _____ 黄了。(发展　变)

(9) 几年以前这个公司很小，后来 _____ 得很快，成了一个有很多工厂的大公司了。(发展　变)

 8　谈谈你最喜欢的画家和他/她的画儿。

Talk about your favorite painter and his/her paintings.

汉语和汉字

The Chinese language and Chinese characters

第十一课　方言和普通话
Dialects and *putonghua*

课文 Text

A：你干什么呢？

B：正在等你呢！你去哪儿了？

A：我去黄浦江边转了转。

B：离这儿不太远，怎么才回来？

A：刚才我迷路了，好容易才转回来。

B：打听一下儿不就行了？

A：他们说话我听不懂。

B：是啊，上海话不好懂。

A：以前我以为中国人说话都差不多呢。

B：中国各地有各地的方言，有些方言和普通话相差很远。

A：哦，原来是这样。

B：比如"我"和"你"，上海话怎么说，你知道吗？

A："我"和"你"还有别的说法吗？

B：是啊，上海话"我"是"阿拉"(ālā)，"你"是
"侬"(nóng)。

A：难怪我听不懂，和我们学的一点儿也不一样。

B：别说你们不懂，就是许多中国人听起来也困难。

A：王老师是上海人吧？

B：是。他虽然说普通话，可是仔细听，还是有上海味儿。

A：那他说的就是上海普通话了？

B：外国人不容易听出来，中国人在一起说话，大概
能知道对方是哪儿人。

A：我们说汉语，中国人也一下子就能听出来是外
国人。

B：所以，我们要多学多练，要说得像中国人一样。

汉语和汉字

The Chinese language and Chinese characters

生词　New Words

①	江边	（名）	jiāngbiān	riverside
②	转	（动）	zhuàn	to go for a walk
③	离	（介）	lí	from
④	刚才	（名）	gāngcái	just now
⑤	迷路		mí lù	to lose one's way
⑥	好容易	（形）	hǎoróngyì	with great difficulty
⑦	打听	（动）	dǎting	to ask about，to inquire about
⑧	以为	（动）	yǐwéi	to think，to consider
⑨	各	（代）	gè	all，every
⑩	方言	（名）	fāngyán	dialect
⑪	普通话	（名）	pǔtōnghuà	common speech（of the Chinese language）
⑫	相差	（动）	xiāngchà	to differ from
⑬	比如	（动）	bǐrú	for instance，for example
⑭	说法	（名）	shuōfa	way of saying
⑮	难怪	（副）	nánguài	no wonder
⑯	仔细	（形）	zǐxì	careful，attentive
⑰	味儿	（名）	wèir	（here）accent
⑱	对方	（名）	duìfāng	the opposite side，the other party
⑲	所以	（连）	suǒyǐ	so，therefore

专名　Proper Noun

黄浦江	Huángpǔ Jiāng	Huangpu River

注释　Notes

1 正在等你呢

　　"正在＋动词/动词短语"表示动作正在进行，也可以在句尾加语气助词"呢"。

　　The pattern "正在＋verb/verbal phrase" indicates an action is going on. The modal particle "呢" can be put at the end of such sentences.

(1) 他正在看书。

　　他正在看书呢。

(2) 他正在吃饭。

　　他正在吃饭呢。

　　用"正＋动词/动词短语＋呢""在＋动词/动词短语＋呢"或"动词/动词短语＋呢"也可以表示动作正在进行。

　　The pattern, such as "正＋verb/verbal phrase＋呢", "在＋verb/verbal phrase＋呢" or "verb/verbal phrase＋呢", also indicates the action is going on.

(3) 他正看书呢。

　　他在看书呢。

　　他看书呢。

(4) 他正吃饭呢。

　　他在吃饭呢。

　　他吃饭呢。

　　如果动作是发生在过去，也可以用上面的结构表示。

　　If an action happens in the past, these patterns can also be used to indicate the verb in the past progressive tense.

(5) 昨天去他家的时候，他正（在）看书（呢）。

(6) 那天我去找他的时候，他正（在）吃饭（呢）。

　　"正（在）＋动词／动词短语"的结构还可以做定语。

The pattern "正（在）＋ verb／verbal phrase" can also be used as an attribute.

(7) 正（在）看书的那个人是一个大学生。

(8) 我正（在）吃饭的时候，小王来找我。

2　好容易才转回来

　　"好容易"也可以说成"好不容易"，都是"不容易"的意思。一般做状语，用来表示干一件事情很不容易但终于完成了，常和"才"连用。

The phrase "好不容易" has the same meaning as "好容易", both indicating with great difficulty, and are generally used as adverbials to express that something is finally done though with great difficulty. The phrases are often followed by the word "才".

(1) 她好容易才买到一双大小合适的鞋。

(2) 我的自行车坏了，好不容易才修好。

(3) 学滑冰可真难，我不知道摔了多少次，好不容易才学会。

3　上海话不好懂

　　这里的"不好"是"不容易"的意思。"好"是"容易"的意思，同样用法的还有"好拿""好做""好念"等，都是用在动词前做状语。

"不好" means not easy（to do something），and the word "好" means easily. The word "好" can also be used before some other verbs, such as in "好拿"，"好做" and "好念"，to act as an adverbial.

(1) 这个字笔画太多,不好写。

(2) 下雨了,路不好走,小心点儿!

(3) 包饺子好学吗? 我也想学。

⌐4 中国各地有各地的方言

这种句式,强调了主语本身的特点。

The structure lays more emphasis on the subject.

(1) 你有你的办法,我有我的办法。

(2) 一个人有一个人的习惯。

(3) 每个民族有每个民族的特点。

⌐5 难怪我听不懂

副词"难怪"表示忽然明白了某事或某情况发生的原因,因而不再觉得奇怪。前后常有表明原因的语句,用法和副词"怪不得"差不多。

The adverb "难怪" indicates that one comes to know the reason of something or a circumstance, so one will not feel strange about it. Before or after the sentence with "难怪", there is a sentence explaining the reason. Another adverb "怪不得" can be used this way.

(1) 难怪他普通话说得这么好,原来他小时候在北京住过三年。

(2) 原来他是第一次来北京,难怪好些地方都没去过。

(3) 哦,他出差了,难怪好几天没见到他了。

⌐6 和我们学的一点儿也不一样

"一+量词+也(都)"或"一+量词+名词+也(都)"强调数量

少，用在否定句中。

The structure "一 + a measure word + 也（都）" or "一 + a measure word + noun + 也（都）" stresses a small amount. It is used in a negative sentence.

(1) 他旅行回来，一天也没休息，就来上课了。

(2) 今天吃饭我一分钱也没花。

(3) 来中国以前，我一个汉字都不认识。

7 别说你们不懂，就是许多中国人听起来也困难

"别说……就是……也……"是一个让步复句，用来证明前面的事实是无需说明的，是当然的。

"别说……就是……也……" is a concessional compound sentence to express that the fact mentioned previously is obvious with no need to explain.

(1) 这个箱子太重了，别说你一个人，就是两个人也拿不动。

(2) 这个公园游人真多，别说星期日了，就是平时也不少。

8 中国人也一下子就能听出来是外国人

"出来"充当趋向补语，可以引申为表示人或事物由隐蔽到显露。

The word "出来", used as the complement of direction, discloses a person or thing from concealment.

(1) 前面那个人是谁？你认出来了吗？

(2) 他的话错在什么地方？你能听出来吗？

(3) 这个演员把剧中人物的性格演出来了。

练习　Exercises

1　回答问题。

Answer the following questions.

(1) 来中国以后你去过哪些地方？那儿的人说话你听得懂吗？

(2) 除了能听懂老师讲的普通话以外，你也能听懂北京人讲的话吗？

(3) 你说汉语的时候，为什么中国人一下子就能听出来你是外国人？

2　模仿例句改写句子。

Rewrite the following sentences after the examples.

例：刚才我迷路了，转了很长时间才转回来。

　　→ 刚才我迷路了，好容易才转回来。

(1) 他说话太快，我听了半天才听懂一句。

(2) 这本书我很喜欢，我去了图书馆很多次才借到。

(3) 买这种画儿的人真多，我挤了半天才买来两张。

(4) 这个字不好写，我练了很多次才写好。

例：我刚下火车，他马上就看见我了。

　　→ 我刚下火车，他一下子就看见我了。

(5) 我让格林猜这张画儿是谁画的，格林立刻就猜对了。

(6) 他今天累了一天，躺到床上，马上就睡着了。

(7) 大家渴极了，买了很多汽水，很快就喝完了。

3 根据指定内容进行对话。

Make dialogues based on the following statements and questions.

(1) 你是从什么时候开始学习汉语的？

(2) 谈谈你的汉语老师。

(3) 谈谈你学习汉语的方法。

(4) 谈谈你们国家学习汉语的情况。

4 选择下面的词语，改写画线部分。

Choose the right words to rewrite the underlined parts.

转 (agut) 一点儿也　仔细　难怪　打听　一下子
③①⑤⑥⑦④

(1) 他认为这个工作很不理想。

(2) 你等我一下儿，我去问问飞机票好买不好买。

(3) 我到外边去走走，要是有人来，让他等我一会儿。

(4) 我们十几年没见了，昨天我去看他，他立刻就想起我来了。

(5) 你好好儿看看，这是格林写的汉字吗？

(6) 怪不得你不知道，原来他们没告诉你这件事儿。

5 从括号里选择词语填空。

Fill in the blanks with the appropriate words given in the brackets.

(1) _____你不在的时候，格林来过。（刚才　刚）

(2) 安娜_____进家门就接到妈妈打来的电话。（刚才　刚）

(3) 我还_____普通话和方言相差不大呢。（以为　认为）

(4) 我＿＿＿＿＿＿很多南方人说普通话都有点儿南方味儿。

　　（以为　认为）

(5) 他们虽然住在一层楼上，可是从来不知道＿＿＿＿＿＿的名

　　字。（对方　双方）

(6) 这件毛衣和那件相比，我＿＿＿＿＿＿喜欢这件。（很　更）

(7) 去颐和园，＿＿＿＿＿＿学校走比较方便。（从　离）

(8) 学校＿＿＿＿＿＿颐和园不太远。（从　离）

6　谈谈你学习汉语的情况。

Talk about your Chinese study.

第十二课　汉字趣谈
An interesting talk about Chinese characters

课文 Text

A：学汉语，你觉得什么最难？

B：当然是汉字了。

A：我觉得汉字像画儿，很有意思。

B：对我来说，可不是这样，一见到那么多"画儿"，我就没信心学下去了。

A：开始我也一样，可是现在我已经很喜欢写汉字了。

B：这几天我老想，不学汉字多好。

A：学汉语不学汉字怎么行呢？

B：可是左一笔，右一笔，老记不住。

A：有的汉字，一看就能明白是什么意思，比如"山""雨"。

B：让我看看。哦，知道了，"山"上面不就是山峰吗？

A：对呀。你再看"雨"字，里面有四个雨点儿。

B：可不是下雨了吗！

A：你看这个"飘"字，左边的"票"表示读音，右边的"风"表示意思。

B：是呀，有风，东西才会飘起来。

A：像"海""江""河""湖"都和水有关系，所以都有"三点水儿"。

B：那有"木字旁儿"的字大部分都和树有关系了？

A：是呀，一棵树是"木"，树多了就成了"林"了。

B：如果树再多呢？

A：那就是"森林"了。

B：像"想""急"都有"心"字，但是为什么"爱"字没有呢？

A：以前有(愛)，现在的简化字没有了。

B：这么说，汉字并不难学，只要有信心，一定能学好。

汉语和汉字

The Chinese language and Chinese characters

生词　New Words

①	趣谈	（名）	qùtán	interesting talk
②	对……来说		duì……lái shuō	for/to sb...
③	一……就……		yī……jiù……	as soon as；once
④	信心	（名）	xìnxīn	confidence
⑤	记不住		jì bu zhù	difficult to memorize，hard to learn by heart
⑥	山峰	（名）	shānfēng	mountain peak
⑦	雨点儿	（名）	yǔdiǎnr	raindrop
⑧	飘	（动）	piāo	to float
⑨	表示	（动）	biǎoshì	to mean，to express
⑩	读音	（名）	dúyīn	pronunciation
⑪	意思	（名）	yìsi	meaning
⑫	海	（名）	hǎi	sea
⑬	江	（名）	jiāng	river
⑭	河	（名）	hé	river
⑮	湖	（名）	hú	lake
⑯	大部分		dà bùfen	in most cases
⑰	棵	（量）	kē	*a measure word*
⑱	林	（名）	lín	woods，grove
⑲	森林	（名）	sēnlín	forest
⑳	急	（形）	jí	impatient，anxious
㉑	爱	（动）	ài	to love
㉒	简化字	（名）	jiǎnhuàzì	simplified characters
	简化	（动）	jiǎnhuà	to simplify

注释　Notes

1 对我来说，可不是这样

"对……来说"表示从某人或某事的角度来看。

The phrase "对……来说" means to consider from the perspective of something or somebody.

(1) 对一个刚开始学汉语的人来说，汉字是比较难。

(2) 对京剧艺术来说，培养青年演员是很重要的。

2 我就没信心学下去了

"下去"充当趋向补语，可以表示动作继续进行。

The word "下去" serves as a complement of direction indicating that the action will continue.

(1) 这个节目真没意思，再演下去观众就走光了。

(2) 要想学好毛笔字，就要坚持下去。

(3) 他的意见很好，让他讲下去吧。

3 这几天我老想，不学汉字多好

副词"老"是"一直""再三"的意思。

The adverb "老" means always, time and again.

(1) 今年夏天老下雨。

(2) 他老那么不高兴。

(3) 他早上老不吃饭。

L4 左一笔，右一笔

"左……右……"表示动作从不同的方面交替进行，进行的次数多。

The phrase "左……右……" indicates alternating actions from different aspects for several times.

(1) 过马路的时候他左看看右看看，觉得安全了才过去。

(2) 小王向她求婚，她左想右想，还是没有同意。

(3) 你看他骑车的样子，左一拐右一拐，一定是刚学会。

L5 一看就能明白是什么意思

"一……就……"表示一种动作或情况出现后紧接着发生另一种动作或情况。

The phrase "一……就……" indicates as soon as an action takes place another action follows immediately.

(1) 一到北京，我就去看王丽了。

(2) 他一喝酒就脸红。

(3) 他一下飞机就受到了热烈的欢迎。

练习 Exercises

1 回答问题。

Answer the following questions.

(1) 对你来说，汉字难吗？

(2) 你认识多少汉字？会写多少？

(3) 你认识的哪些字和"水"有关系？

(4) 你认识多少有"木字旁儿"的字？请说一说。

(5) 你还认识多少偏旁？（比如"木字旁儿""三点水儿"）

2 模仿例句改写句子。

Rewrite the following sentences after the examples.

例：日本人学习汉字是比较容易的。

→ 对日本人来说，学习汉字是比较容易的。

(1) 他发这个音比较困难。

(2) 你的孩子现在学弹钢琴还太早。

(3) 我当教师不太合适。

(4) 他这么年轻的人，还不可能了解那么多事儿。

例：他每次进城先去书店看看。

→ 他一进城就先去书店看看。

(5) 每次学校演新电影，他都马上去买票。

(6) 格林吃饭时总是先喝两杯啤酒。

(7) 请告诉安娜，到北京马上给我打电话。

(8) 他听到妈妈生病的消息，立刻回国了。

例：你怎么总是记不住我的住址？

→ 你怎么老记不住我的住址？

(9) 我每次去他家，他差不多都不在。

(10) 他有病，经常得吃药。

(11) 这位老人常常来这个地方散步。

(12) 我穿这双冰鞋怎么总摔呀？

3 把下面的短文改成对话。

Rewrite the following passage into a dialogue.

最早的汉字——甲骨文

gǔ jiǎ wén
turtle shell / beast bone
guī jiǎ / shòu gǔ

三千多年以前，中国古代有一种文字是刻在龟甲和兽骨上的，这就是甲骨文。

已经发现的甲骨文约有五千个字，可是知道意思的只有近两千个。人们认真研究甲骨文，发现这种古代汉字有它独特的发展历史。

甲骨文因为是刀刻的，所以笔画一般是直线，字的形状是方块形，今天的汉字还保留着这个特点。

4 根据指定内容进行对话。

Make dialogues based on the following questions.

(1) 你为什么要学习汉语？

(2) 为什么对很多外国人来说汉字比较难？

(3) 学汉字有没有比较容易的方法？

5 用恰当的趋向动词填空。

Fill in the blanks with appropriate verbs of direction.

(1) 我刚才看见格林跑 下 楼 去 了。(说话的人在楼上)

(2) 他回家乡看父母 去 了，并且带 去 很多礼物。

(3) 我接到朋友打 来 的电话，他告诉我，他明天到上海 来 ，让我去火车站接他。

(4) 明天早上你起 来 的时候，别忘了叫我一声。

(5) 他看书的时候，喜欢走 来 走去   。

(6) 我想 起来   了，护照叫我忘在小王的房间里了。

6 解释带 " . " 的词，并模仿造句。

(1) 他身体很好，三年才 *de* 得了一次感冒。

(2) 现在才六点，他不会来这么早。

(3) 你怎么才知道这件事儿？

(4) 他天天锻炼身体，只有感冒的时候才休息。

(5) 医生说，小王的病好了才能上班。

(6) 经常锻炼身体就不容易得病。

(7) 夏天去那儿旅游不错，就是热了点儿。

(8) 你等一会儿，格林就来。

(9) 这个字我见过几次了，还是记不住它的意思。   *shì*

(10) A：我们一起去游泳怎么样？

　　 B：今天我没空儿，还是明天去吧。

7 谈谈学习汉语和汉字的方法。

6 电话和网络
Telephones and the Internet

第十三课　那你用我的好了
You can use mine

课文 Text

A：你注意过吗？现在中国的通讯事业发展得很快，打电话比以前方便多了。

B：是的。以前在中国，一般打电话都是打到单位总机，再由总机转分机。有时候还会转错，找错人，闹笑话。

A：现在除了家庭安装电话以外，公用电话也很普遍。

B：如果想省钱的话，还可以使用IP卡或者通过互联网通话，我就是这样打国际电话的。

hù lián wǎng

A：使用手机的人也越来越多。

B：使用手机除了可以随时随地接听电话以外，还可以收发短信，既省钱又方便。

suí shí suí dì

A：交电话费有点儿麻烦吧？

B：电信服务也改进了。比如交电话费，有很多方法，可以去银行和电话局交，也可以在ATM机上交，还可以在网上交。另外，电话查询话费和手机充值等，都是免费的。

A：想起来了，我的手机忘了充电了。

B：那你用我的好了。

A：不用，我现在没什么事儿。要用的时候，我不会客气的。

生词　New Words

1	通讯	（名）	tōngxùn	communication
2	事业	（名）	shìyè	enterprise, undertaking
3	单位	（名）	dānwèi	unit
4	总机	（名）	zǒngjī	telephone exchange
5	由	（介）	yóu	by, through
6	转	（动）	zhuǎn	to change, to transfer
7	分机	（名）	fēnjī	extension
8	错	（形）	cuò	incorrect, wrong

⑨ 闹笑话   nào xiàohua   to make a fool of oneself

⑩ 安装 （动） ānzhuāng to install

⑪ 公用 （动） gōngyòng to be for public use

⑫ 普遍 （形） pǔbiàn widespread，general

⑬ 省 （动） shěng to save

⑭ 使用 （动） shǐyòng to use

⑮ IP 卡 IP kǎ IP card

⑯ 通过 （介、动） tōngguò through；to pass

⑰ 互联网 （名） hùliánwǎng Internet

⑱ 随时随地 suí shí suí dì at any time and any place

⑲ 发 （动） fā to send

⑳ 短信 （名） duǎnxìn text message

㉑ 电信 （名） diànxìn telecommunications

㉒ 改进 （动） gǎijìn to improve

㉓ 另外 （连、副、代） lìngwài in addition；besides

㉔ 查询 （动） cháxún to inquire about

㉕ 充值 chōng zhí to top up；to put more credit in

㉖ 免费 miǎn fèi free of charge

㉗ 充电 chōng diàn to recharge （a battery）

127

注释　Notes

1　再由总机转分机

介词"由"在这里表示经过的路线、场所。

The preposition "由" here indicates path or location.

(1) 由这儿走近多了。

(2) 看演出请由南门入场。

"由"也可以表示起点。

"由" can also indicate a starting point.

(3) 由这儿去网吧比较近。

(4) 他们明天由北京出发。

(5) 你由哪儿来呀？

"由"还可以表示某事归某人去做。

"由" can also be used to express that something should be done by somebody.

(6) 这个房间由 2 号服务员打扫。

(7) 公司的情况由小李介绍。

(8) 今天参观工厂的时候由我做翻译。

2　闹笑话

"闹"在这里是"发生"的意思，用来表示不好的事情或灾害的发生。

Here the verb "闹" means to take place. It is used to express a disaster or something undesirable occurs.

（1）去年夏天雨水太多，有的地方闹水灾（shuǐzāi flood）了。

（2）听说他们俩闹矛盾（máodùn contradiction）了。

（3）他闹病了，怪不得这几天没看见他呢。

3 如果想省钱的话

"如果……的话"用在假设复句中，表示假设条件。可以只用"如果"，口语常用"要是"，也可以只用"……的话"，后面的分句常用"就"连接。

"如果……的话" is used in a hypothetical compound sentence to indicate the supposition. "如果" can be used in such sentences without "的话". "要是" or "……的话" often appears in spoken language and the adverb "就" often precedes the latter clause as a correlative word.

（1）如果明天刮风的话，我们就不去公园了。

（2）要是你喜欢这本书，就送给你吧。

（3）你不忙的话，就再坐会儿。

4 还可以使用 IP 卡或者通过互联网通话

"或者"表示选择，但只能用于陈述句，不能用于疑问句。疑问句用"还是"表示选择。

"或者" can only be used in declarative sentences denoting choices. It cannot be used in interrogative sentences, in which "还是" should be used to indicate choices.

（1）我吃饺子或者米饭都可以。

（2）今天晚上或者明天下午，我去找你。

5 那你用我的好了

"好了"用在句尾，表示委婉的语气，可用"吧"替换。

"好了" used at the end of a sentence indicates a mild tone. It can be replaced by "吧".

(1) 你爱喝啤酒就喝好了，不过别喝醉了。

(2) 这本字典你用好了，现在我不用。

(3) 他想去玩儿，就让他玩儿去好了。

练习 Exercises

1 回答问题。

Answer the following questions.

(1) 为什么说现在打电话方便多了？

(2) 举例说说有哪些电信服务改进了。

2 从括号里选择词语填空。

Fill in the blanks with the appropriate words given in the brackets.

(1) 打个电话还来得及，___离___ 出发还有一个小时呢。(由 离 从)

(2) ___从___ 我们分手以后，我再也没见过他。(离 从 在)

(3) 我们___在___ 一起的时候，他总说笑话。(从 在 往)

(4) ___对___ 每一个人，他总是非常关心。(由 在 对)

(5) ___往___ 学校去的路上有一家大饭店。(从 离 往)

(6) 可以___由___ 这条小路去附近的超市。(离 对 由)

(7) 每次班里组织的活动都___由___ 格林通知大家。(对 由 跟)

(8) 正在___跟___ 格林打网球的那个人是谁？(给 跟 对)

(9) 来到学校以后，老师 __给__ 我们介绍情况。（对 (给) 由）

(10) 昨天这个时候，我在 __给__ 妈妈写信呢。（对 (给) 跟）

(11) 这儿 __离__ 饭店不远，我们走着去吧。（从 (离) 往）

(12) 他打电话的时候，总是先 __给__ 对方介绍一下儿自己。

(给)(向) 对）

3 选择恰当的词语填空。

Fill in the blanks with the appropriate words from the list given below.

| 可以　　什么　　还是　　先　　既　　还　　又　　可 |

(1) 他画得 __可__ 好了， __还__ 参加过画展呢。

(2) 睡觉以前，他要 __先__ 听一会儿音乐。

(3) 医生让他多休息几天，可他 __还是__ 来上课了。

(4) 你说 __什么__ 东西不见了？

(5) 通过互联网通话 __既__ 方便， __又__ 省钱。

(6) 除了打电话，你还 __可以__ 发短信。

于
我

4 模仿例句改写句子。

Rewrite the following sentences after the examples.

例：请你放心，我会转告他的。

→ 请你放心好了，我会转告他的。

(1) 你先睡吧，我等他回来。

(2) 明天参观的事儿，我通知他吧。

(3) 有什么不清楚的地方，问一下儿尼可吧。

(4) 买什么礼物，你自己决定吧。

(5) A：我用用你的词典行吗？

　　B：你用吧，现在我不用。

(6) A：老师，我有个问题，现在能问问您吗？

　　B：你问吧，我有时间。

5 判断下列句子的正误。

Judge whether the following sentences are correct or not.

(1) 你晚上十一点睡觉，或者十二点睡觉？　　（ ✗ ）

(2) 那家饭店的菜既好吃又便宜。　　（ ✓ ）

(3) 一般来说，星期天我在家看电视还是去公园玩儿。（ ✗ ）

(4) 我认识你说的那个人，还是跟他是好朋友。　　（ ✗ ）

(5) 他回来以后，你能转告他吗？　　（ ✓ ）

(6) 小学生上学免费交钱吗？　　（ ✗ ）

6 根据指定内容打电话。

Make phone calls based on the following information.

(1) 与朋友商量怎么过周末。

(2) 请人转告你的朋友，你不能参加他的生日晚会了。

(3) 与人约定时间，一起去看朋友。

第十四课　做什么事都得有个"度"
There is a limit to everything

课文 Text

A：周末你一般怎么过？

B：和朋友聚聚，或者上网玩儿玩儿游戏。

A：玩儿网络游戏会上瘾，你不会是已经上瘾了吧？

B：平时学习忙，哪有时间玩儿啊？我离上瘾还远
　　着呢。

A：我邻居的儿子是个初中生，以前学习不错。后来
　　迷上了网络游戏，一下课就去网吧，学习成绩一
　　落千丈，父母别提多着急了。

B：未成年人不是不能进网吧吗？

A：按规定是这样，可有的网吧为了赚钱，违反规定。

B：监管部门就不管吗？

A：管是管，可也有疏忽的时候。

B：现在电脑普及了，网络游戏对人们有很大的吸引力，孩子们更容易着迷。

A：这是一个大的社会问题，许多人士正在探讨解决的办法。

B：如果处理得当，网络游戏还是不错的。

A：是啊，做什么事都得有个"度"，过度就不好了。

B：高兴过度，还会得心脏病呢！

A：你真会开玩笑。

生词　New Words

1	聚	(动)	jù	to get together, to gather
2	网络	(名)	wǎngluò	network
3	上瘾		shàng yǐn	to be addicted to
4	平时	(名)	píngshí	at ordinary times
5	迷	(动)	mí	to be fascinated by
6	一落千丈		yí luò qiān zhàng	to suffer a disastrous decline

⑦	未(成年人)		wèi(chéngniánrén)	not，under age
⑧	规定	(名)	guīdìng	rule，regulation
⑨	赚	(动)	zhuàn	to make a profit，to gain
⑩	违反	(动)	wéifǎn	to disobey，to act against
⑪	监管	(动)	jiānguǎn	to supervise
⑫	部门	(名)	bùmén	department，division
⑬	管	(动)	guǎn	to be in charge of
⑭	疏忽	(动)	shūhu	to neglect，to be remiss
⑮	普及	(动)	pǔjí	to popularize
⑯	吸引力	(名)	xīyǐnlì	attraction，charm
⑰	着迷		zháo mí	to be fascinated，to be captivated
⑱	人士	(名)	rénshì	people，person
⑲	探讨	(动)	tàntǎo	to discuss
⑳	解决	(动)	jiějué	to settle，to solve
㉑	处理	(动)	chǔlǐ	to deal with
㉒	得当	(形)	dédàng	proper，suitable
㉓	度	(名)	dù	degree，limit
㉔	过度	(形)	guòdù	excessive

注释　Notes

1 你不会是已经上瘾了吧

　　能愿动词"会"有表示可能的意思。"不会是……吧"是用否定形式表示揣测、估计的反问句，是一种比较委婉的说法。

　　The auxiliary verb "会" denotes possibility. "会" is used in the rhetorical question "不会是……吧", which indicates conjecture or estimation with a negative form. It is a euphemious way of saying.

(1) 你怎么咳嗽了，不会是感冒了吧？

(2) 他家那么热闹，不会是来客人了吧？

(3) 等了半天，车还不来，不会是没车了吧？

2 我离上瘾还远着呢

　　"着呢"用在形容词后，表示程度深，带有夸张意味，多用于口语。

　　"着呢", placed after an adjective, indicates a high degree with a tone of exaggeration. It is often used in spoken language.

(1) 今天我累着呢，得好好儿休息一下儿。

(2) 那儿的风景美着呢。

(3) 他身体好着呢，不会生病。

3 父母别提多着急了

　　"别提多……了"中间嵌入形容词，用来强调程度高，含有较强的夸张意味，多用于口语。

　　"别提多＋an adjective＋了" emphasizes a high degree bearing a tone of exaggeration. It is often used in spoken language.

(1) 昨天我们去长城游览，别提多有意思了。

(2) 我们毕业后第一次聚在一起，别提多高兴了。

(3) 这次考试别提多难了。

4 管是管，可也有疏忽的时候

"A 是 A，可（是）（不过）……"表示先肯定某一看法，但还有一些补充。

The structure of "A 是 A，可（是）（不过）……" is used to first affirm a certain opinion, and then make a supplement.

(1) 这辆车我喜欢是喜欢，不过现在还不想买。

(2) 这件衣服漂亮是漂亮，可是你穿有点儿短。

5 过度就不好了

"过度"是个比较特殊的形容词，它是由动词"过"和名词"度"结合而成的，有时在用法上还保留着原有动宾结构的特点，不同于其他形容词。

"过度" is an adjective composed with a verb "过" and a noun "度". Different from other adjectives, it still retains the characteristics of its "verb＋object" structure in usage.

(1) 喝酒过了度就不好。

(2) 有心脏病的人不能运动过度。

(3) 他疲劳（pílǎo tired; fatigued）过度，该好好儿休息休息。

6 你真会开玩笑

能愿动词"会"可以表示能力强，擅长做某事。

電话和网络
Telephones and the Internet

The auxiliary verb "会" can indicate being good at doing something or being capable of doing something.

(1) 他能说会道。

(2) 她不会做中国菜，但很会做西餐。

练习　Exercises

1 回答问题。

Answer the following questions.

(1) 为什么要规定未成年人不能进网吧？

(2) 未成年人进网吧，有关部门管吗？

(3) 为什么说玩儿网络游戏过了度就不好？

2 从括号里选择词语填空。

Fill in the blanks with the appropriate words in the brackets.

(1) 你平时 **怎么** 不玩儿网络游戏？（什么 (怎么) 哪儿）

(2) 如果给你们买到了飞机票，我通知 **谁** 呢？（哪儿 怎么 (谁)）

(3) 你 **什么** 时候需要我帮助，就告诉我一声儿。（多少 哪 (什么)）

(4) 我平时很忙，**哪** 有时间玩儿网络游戏啊？（什么 多少 (哪)）

什么

哪有时间啊？

3 模仿例句改写句子。

Rewrite the following sentences after the examples.

例：你可能玩儿网络游戏上瘾了。

　　→ 你玩儿网络游戏不会是上瘾了吧?

(1) 等了半天，他可能不来了。

(2) 我听见有人敲门，可能来客人了。

　　　　　qiāo mén

例：这儿离动物园太远了。

　　→ 这儿离动物园远着呢。

(3) 他住的房间真大，比我的大多了。

(4) 我今天非常忙，晚上不去你那儿了。

例：他们还是会管，可也有疏忽的时候。

　　→他们管是管，可也有疏忽的时候。

(5) 坐出租车挺快的，可是太贵了。

(6) 这本书是有意思，不过生词有点儿多。

4 选择恰当的词语填空。

Fill in the blanks with the appropriate words from the list given below.

> 着急　着了迷　普及　让　规定　吸引力　一落千丈

现在电脑非常(1) __普及__ ，网络游戏对孩子们有很大的(2) __吸引力__ 。有的网吧为了赚钱，违反(3) __规定__ ，(4) __让__ 未成年人进网吧，有的未成年人玩儿网络游戏(5) __着了迷__ ，学习成绩(6) __一落千丈__ ，父母别提多(7) __着急__ 了。

5　为括号中的词语选择适当的位置。

Put the words in the brackets in appropriate places in the following sentences.

(1)　对这个问题，①有关部门②探讨③解决的办法。(正在)

(2)　网吧①不能只为了赚钱，②让未成年人③玩儿网络游戏。(可)

(3)　①按规定，未成年人②不能进网吧，③有的网吧违反了规定。(可)

6　用下面的词语造句。

Make sentences with the words given below.

(1)　上瘾 要是你 wán

(2)　迷

(3)　违反

(4)　管

(5)　普及

(6)　着迷

(7)　得当

7　举例说明做什么事都要有个"度"。

Give an example showing that there should be a limit when doing anything.

7 天气
Weather

第十五课　今天是个好天气
It's a fine day today

课文 Text

A：你睡得真香啊，我跑步都回来了，你还不起来？

B：你总吵醒我，刚才我还在做梦呢。

A：做的什么梦？

B：梦见我在路上走，忽然又是打雷又是打闪，"哗哗哗"下起雨来了。

A：后来呢？

B：后来就是你把我吵醒了。

A：都八点了，你也该醒了。

B：今天是周末，起来也没事儿。

A：咱们去香山吧，听说枫叶全红了。

B：外面天气怎么样？和昨天一样冷吧？

A：今天有太阳，比昨天暖和一点儿。

B：听天气预报说，今天多云转阴，有小雨。

A：我看不会下雨的。要不你出去看看，今天可是个难得的好天气。

B：万一下雨，在山上躲都没地方躲。

A：那我们就带上雨伞吧。下点儿雨，枫叶让雨一淋，那才漂亮呢！

B：那就走吧，我们得多穿点儿衣服，山上风大，挺冷的。

A：不过，现在你最好先做一件事儿。

B：什么事儿？

A：马上起床。

143

天气
Weather

生词 New Words

①	香	(形)	xiāng	sound（sleep），scented，appetizing（taste or smell）
②	总	(副)	zǒng	always
③	吵	(动)	chǎo	to make noise
④	梦	(名)	mèng	dream
	梦见	(动)	mèngjiàn	to dream
⑤	忽然	(副)	hūrán	suddenly
⑥	打雷		dǎ léi	to thunder
⑦	~~打闪~~ 闪电	~~dǎ~~ shǎndiàn	lightning
⑧	哗	(象声)	huā	*onomatopoeia*
⑨	该	(能动)	gāi	should
⑩	周末	(名)	zhōumò	weekend
⑪	枫叶	(名)	fēngyè	maple leaf
⑫	全	(副)	quán	all，entirely
⑬	外面	(名)	wàimian	outside，out
⑭	太阳	(名)	tàiyáng	sun
⑮	预报	(动)	yùbào	forecast
⑯	难得	(形)	nándé	seldom，rare
⑰	万一	(副)	wànyī	just in case，if by any chance
⑱	躲	(动)	duǒ	to hide，to avoid
⑲	带	(动)	dài	to bring，to take
⑳	雨伞	(名)	yǔsǎn	umbrella
㉑	马上	(副)	mǎshàng	at once，immediately
㉒	起床		qǐ chuáng	to get up

注释　Notes

1 我跑步都回来了

"都"可以表示"已经"，轻读。"都"也可以直接放在名词或名词性成分前表示"已经"。

The word "都" can indicate already. It is read without stress. "都" also can be placed before nouns or noun phrases to indicate already.

(1) 都到秋天了，还这么热。

(2) 今天去了这么多地方，我都累死了。

(3) 都八点了，你也该醒了。

2 忽然又是打雷又是打闪

用"又……又……"连接几项事物，表示几个动作、状态、情况同时存在。

The pattern "又……又……" linking several cases indicates the simultaneous existence of several actions, states or cases.

(1) 他又会滑冰，又会游泳，是个体育爱好者。

(2) 我们学校里边又有邮局，又有银行，很方便。

(3) 星期日又买菜，又做饭，也挺忙。

3 今天可是个难得的好天气

"难得"可以做定语、状语、谓语，表示不容易得到。

The word "难得" can be used as an attribute, an adverbial or a predicate to indicate "hard to come by".

(1) 他真是个难得的人才。

(2) 在北京难得见到这种水果。

(3) 我能来中国留学，机会难得，可得好好儿学习。

4　万一下雨

　　副词"万一"表示事情发生的可能性非常小，用于假设的、不希望发生的事。

The adverb "万一" indicates that it is rare for an event to take place. It is used to describe something hypothetical, undesirable or unlikely to happen.

(1) 今天太冷，别游泳，万一感冒了，又得休息好几天。

(2) 你最好在这本书上写个名字，万一丢了，也容易找到。

(3) 早点儿走吧，万一赶不上火车怎么办？

5　在山上躲都没地方躲

　　"都"字前后重复使用一个动词（前者肯定，后者否定），"都"是"甚至"的意思，轻读。

When the same verb appears before and after the word "都", "都" means even and is read without stress. The former verb is in the affirmative form, the latter one is in the negative form.

(1) 自行车他骑都不会骑，当然不会买了。

(2) 那个小孩儿走都走不好，就想跑。

(3) 饺子他吃都没吃过，怎么会包呢？

練习　Exercises

1　回答问题。

Answer the following questions.

(1) 这几天的天气怎么样？今天呢？

(2) 这里现在的天气和你家乡的一样吗？

(3) 你的家乡四季的天气怎么样？你最喜欢哪个季节？为什么？

(4) 你认为北京的天气怎么样？你习惯了吗？

(5) 你知道北京四季天气的情况吗？请你介绍一下儿。

2　用指定词语完成对话。

Complete the dialogues with the given expressions in the brackets.

(1) A：今天真够冷的。

　　B：_____。（比）

(2) A：这里的天气怎么样？

　　B：_____。（和……一样）

(3) A：你觉得这儿的天气比你家乡好吗？

　　B：_____。（没有）

(4) A：听说北京春天的天气不太好。

　　B：_____。（刮大风　风沙）

(5) A：为什么说秋天是北京一年中最好的季节？

　　B：_____。（不冷也不热）

(6) A：你听今天的天气预报了吗？

B：_____。（多云　晴）

(7) A：你知道今天的气温是多少吗？

B：_____。（最高气温　最低气温）

3　根据指定内容进行对话。

Make dialogues based on the following statements and questions.

(1) 哟，下雪了！

(2) 昨天夜里的雨真大！

(3) 你喜欢什么样的天气？

(4) 你说我们最好在什么季节去南方旅游？

4　模仿例句改写句子。

Rewrite the following sentences after the examples.

例：已经八点了，我们出发吧。

→ 都八点了，我们出发吧。

(1) 已经七点了，安娜不会来了。

(2) 既然他已经说对不起了，你就别再生他的气了。

(3) 雨已经停了，天怎么还不晴呢？

例：他一直走着去上班。

→ 他总走着去上班。

(4) 他喝酒常常喝到很晚。

(5) 尽管大家都这样告诉他，他一直不相信这是真的。

(6) 他一直希望能亲自做这些事儿。

例：他能买到这么理想的房子，这种机会真是太不容易有了。

→ 他能买到这么理想的房子，这种机会真是太难得了。

(7) 回国之前能在这儿见到您，真是太不容易了。

(8) 他是一位少有的好人。

(9) 他太忙了，很少有时间带孩子去公园。

5 选择恰当的词语填空。

Fill in the blanks with the appropriate words from the list given below.

| 躲躲 | 都 | 万一 | 忽然 | 梦见 |
| 又是……又是…… | | 难得 | 醒 | 吵 |

(1) 窗外的声音 吵 得我睡不着。

(2) 从六点起我一直 醒 着，你们在门口说话的声音我都听见了。

(3) 我 梦见 自己真的成了医生。

(4) 今天没给他打电话，我不去找他了，忽然 他不在，我又见不着他。

(5) 楼下出什么事儿了，怎么 又是 吵 又是 闹的。

(6) 雨太大，咱们到那个商店 躲躲 吧。

(7) 在北京，冬天 难得 买到这种水果。

(8) 我正要走出房门，_____ 电话铃响了。

(9) 他结婚 _____ 没告诉我一声儿，真不应该。

6 将课文改成短文，并用下面的句子作为短文的开头。

Change the text into two passages and begin the two passages with the following two sentences respectively.

(1) 今天出太阳了，天气比昨天暖和……

(2) 早上我跑步回来，发现我的同屋还在睡觉……

7 介绍一下儿你们国家在每个季节里适合哪些运动。

Talk about the favorite sports in each season in your country.

第十六课　在同一个季节里
In the same season

课文 Text

A：中国南北气候差别很大。

B：是啊，北方下大雪的时候，广州到处都开着鲜花。

A：听说新疆有的地方，有时一天的气温变化也很大。

B：我听说，那儿有句俗话说："早穿皮袄午穿纱，抱着火炉吃西瓜。"
jù sú huà shuō

A：真有意思。我要是在那儿，恐怕每天都会感冒的。

B：在中国，气候最好、最舒服的地方要数昆明了，那儿四季如春。

A：可不是吗？要不然怎么叫它"春城"呢？

B：寒假我打算去上海，那儿气候怎么样？

A：上海的冬天又湿又冷。

B：每天我都看电视里播的天气预报，上海气温比北京高多了。

A：北京虽然天气冷，可是屋子里很暖和。

B：上海冬天没有暖气吗？

A：很多地方没有，人们常常觉得外面比屋里暖和。

B：真的吗？

A：真的，去年冬天我去过一次。

B：你这么一说，我都不想去了。

A：别，还是去好，大的宾馆都有暖气。

B：听说那儿不常刮风。

A：这倒是。不过下雨比较多，出去一次，也许会把鞋弄脏的。

B：这又是一个麻烦。

A：那是小事儿。我想，上海的风味菜你一定喜欢吃。

B：那我秋天去吧。

生词 New Words

①	同	(形)	tóng	same，alike
②	季节	(名)	jìjié	season
③	气候	(名)	qìhòu	climate
④	差别	(名)	chābié	difference
⑤	到处	(副)	dàochù	everywhere
⑥	开	(动)	kāi	to bloom
⑦	鲜花	(名)	xiānhuā	(fresh) flowers
⑧	气温	(名)	qìwēn	temperature
⑨	变化	(动)	biànhuà	to change
⑩	皮袄	(名)	pí'ǎo	fur-lined jacket
⑪	纱	(名)	shā	thin silk，gauze
⑫	抱	(动)	bào	to hold or carry in the arms
⑬	火炉	(名)	huǒlú	stove，furnace
⑭	西瓜	(名)	xīguā	watermelon
⑮	舒服	(形)	shūfu	comfortable
⑯	地方	(名)	dìfang	place
⑰	数	(动)	shǔ	to regard, to reckon...as
⑱	四季	(名)	sìjì	the four seasons
⑲	如	(动)	rú	to be like，to be as
⑳	要不然	(连)	yàoburán	otherwise，if not
㉑	湿	(形)	shī	wet, damp
㉒	播	(动)	bō	broadcast

153

㉓ 宾馆　　　（名）　　bīnguǎn　　hotel
㉔ 暖气　　　（名）　　nuǎnqì　　heating
㉕ 弄　　　　（动）　　nòng　　to make，to do
㉖ 脏　　　　（形）　　zāng　　dirty
㉗ 风味　　　（名）　　fēngwèi　　delicacy

专名　Proper Nouns

广州　　Guǎngzhōu　　Guangzhou（name of a city）
新疆　　Xīnjiāng　　Xinjiang（Uygur Autonomous Region）
昆明　　Kūnmíng　　Kunming（name of a city）

注释　Notes

1 中国南北气候差别很大

　　　　这个句子的谓语"差别很大"是一个主谓短语，这样的句子叫主谓谓语句。主谓谓语句的谓语，对主语有说明或描写的作用。

　　In this sentence，"差别很大" is a subject-predicate phrase. Such a sentence is a sentence with a subject predicate phrase as its predicate，in which the predicate is used to explain or describe the subject.

(1) 那儿四季如春。

(2) 这个电视机样子新，声音好，价钱便宜。

(3) 我头疼，不能去上课了。

2 气候最好、最舒服的地方要数昆明了

这里"数"是指出名次列在最前面的。"数＋名词"前常常加
"要"。

The verb "数" here means "to regard（as...）". The structure is
"数＋n. ", which is often preceded by "要".

(1) 北京最热闹的地方要数王府井了。
(2) 我觉得最可爱的动物要数熊猫了。

"数＋小句"也很常用。

Another structure "数＋ a clause" is very often used.

(3) 我们班数他年轻。
(4) 我们几个人数他个子高。

3 要不然怎么叫它"春城"呢

连词"要不然"是"要是不这样"的意思，用来引进表示结果或结
论的分句，在它前面的分句是一个表示肯定的句子。"要不然"还可说
成"要不"或"不然"。

The conjunction "要不然" means otherwise. It introduces a clause of
result or conclusion. The preceding clause is affirmative. "要不" or "不
然" can be used instead of "要不然".

(1) 他可能病了，要不然（要不/不然）为什么不来上课呢？
(2) 北京的四季秋天最好，要不然（要不/不然）怎么这时候
    来旅游的人最多呢？
(3) 咱们快走吧，要不然（要不/不然）就要让雨淋了。

└4　也许会把鞋弄脏的

"弄"有很多义项，在句中具体表示什么意思，要根据一定的语言环境来判断，有时无需说出具体动作，也可以用"弄"。

The verb "弄" can stand for many verbs. The action "弄" stands for can be inferred from the context. Sometimes it is unnecessary to say the specific action, so "弄" is often used instead.

(1) 妈妈，我饿极了，您给我弄点儿饭吧。（做）

(2) 你能把这瓶啤酒弄开吗？（打）

(3) 我把拉锁儿（lāsuǒr　zipper）弄坏了，你会修理吗？（摆弄）

(4) 真渴，谁能弄点儿水来？（设法取得）

练习　Exercises

1 回答问题。

Answer the following questions.

(1) 举例说明中国南北气候差别。

(2) "早穿皮袄午穿纱，抱着火炉吃西瓜"这句话说明了什么？

(3) 你知道中国哪个地方的气候最好？为什么？

(4) 请说明一下儿冬天住在北京和上海两地的优点和缺点。

2 完成对话。

Complete the following dialogues.

(1) A：＿＿＿＿＿＿＿＿＿＿＿＿＿＿＿＿？

　　B：温差比较大的要数新疆了。

(2) A：北京夏天的最高气温比最低气温高多少度？

B：＿＿＿＿＿＿＿＿＿＿＿＿＿＿＿＿＿＿。

(3) A：你们国家哪儿的气候最舒服？

B：＿＿＿＿＿＿＿＿＿＿＿＿＿＿＿＿＿＿。

(4) A：你们国家北方下雪的时候，南方天气暖和吗？

B：＿＿＿＿＿＿＿＿＿＿＿＿＿＿＿＿＿＿。

(5) A：你常听天气预报吗？

B：＿＿＿＿＿＿＿＿＿＿＿＿＿＿＿＿＿＿。

A：＿＿＿＿＿＿＿＿＿＿＿＿＿＿＿＿＿＿？

B：电视里。

(6) A：＿＿＿＿＿＿＿＿＿＿＿＿＿＿＿＿＿＿？

B：一般来说夏天雨水比较多。

③ **根据指定内容进行对话。**

Make dialogues based on the following statement and questions.

(1) 说一说你们国家气候好的地方。

(2) 一年中你最喜欢什么季节？为什么？

4 **模仿例句改写句子。**

Rewrite the following sentences after the examples.

例：在这个季节里，每个地方都能看到鲜花。

→ 在这个季节里，到处都能看到鲜花。

(1) 尼可向许多地方的人打听那个书店的地址。

(2) 他这个人在各地都有朋友。

(3) 每个地方我都找过了，也没找到那支钢笔。

例：安娜还没来，也许她没接到通知。
　　→ 安娜还没来，恐怕她没接到通知。

(4) 你瞧，那边天越来越黑了，大概要下雨了。

(5) 我刚从留学生十楼来，看见尼可房间里还没开灯，可能
　　他还没回来呢。

(6) 李老师被送进医院了，看来这次他病得不轻。

例：气候最舒服的地方，恐怕要算昆明了。
　　→ 气候最舒服的地方，恐怕要数昆明了。

(7) 木村是班里发音最好的。

(8) 这儿最大的商场是百货大楼。

(9) 做这个菜最拿手的人，看来是小张了。

例：昆明这个城市四季如春，如果不是这样，不会叫它"春城"的。
　　→ 昆明这个城市四季如春，要不然不会叫它"春城"的。

(10) 叫你来是请你帮忙，不然的话就不请你来了。

(11) 这件衣服太小了，如果不是这样，他就不会去买新衣
　　服了。

(12) 太晚了，你别走了，要是你走了，我会不放心的。

例：下雨天外出，鞋总是很脏。
　　→ 下雨天外出，鞋总是弄得很脏。

(13) 今天早晨他出去买东西，把钱丢了。

(14) 那个小孩儿把杯子摔破了。

(15) 妈妈叫他把自己的房间打扫干净。

√ **5** **说出下列各句的谓语。**

Find out the predicates in the following sentences.

(1) 来北京以后，我们参观、游览了许多地方。

(2) 走着去那儿很不方便。

(3) 你怎么了？还不起床！

(4) 难道你病了？你脸色很难看。

(5) 安娜美国人。

(6) 现在五点半。

(7) 这件礼物是小王送的。

6 **用指定词语完成句子。**

Complete the following sentences using the words in the brackets.

(1) 北京给我的印象是＿＿＿＿＿＿＿＿＿＿＿＿＿＿。（到处）

(2) 我第二次来到北京，＿＿＿＿＿＿＿＿＿＿＿＿。（变化）

(3) 昆明的气候好极了，＿＿＿＿＿＿＿＿＿＿＿。（四季如春）

(4) 我们班＿＿＿＿＿＿＿＿＿＿＿＿＿＿＿＿。（数）

(5) 今天我还很不舒服，＿＿＿＿＿＿＿＿＿＿＿。（恐怕）

(6) 今天太晚了，＿＿＿＿＿＿＿＿＿＿＿＿＿。（要不然）

(7) 哟，谁把我的自行车＿＿＿＿＿＿＿＿＿＿＿。（弄）

7 **举例说明你们国家不同地方在同一季节里气候不同的情况。**

Tell about and explain with examples the diversified climates in different places of your country in the same season.

第十七课　我想看雪景
I want to see a snow scene

课文 Text

A：请问，木村小姐在吗？

B：她去邮局了。我想，一会儿就会回来。

A：那我等她一下儿吧。

B：外面冷吗？靠暖气这边坐吧。

A：挺冷的。今天一直阴天，看样子要下雪。

B：那太好了！我的家乡冬天常下雪，所以，我一看到雪景，就觉得好像回到家乡了。

A：你想家了吧？遗憾的是这儿很少下雪，就是下，也不怎么大。

B：月底我打算去东北旅行，那儿可以看雪景。

A：可是那儿冷得要命，气温特别低。

B：听说最低气温有时要到零下二三十度，是吗？

A：是的，有人说去那儿玩儿的女孩子有的都冻哭了。

B：不管多冷，我也不会哭。我买了皮帽、皮靴，还有皮大衣。

A：我的老师是东北人，他说哈尔滨的冰雕美极了。

B：我早就听说了，所以想去开开眼。

A：从电视上我知道，前几天那儿下了一场大雪。

B：太棒了，我恨不得马上去那儿看雪景和冰雕。

生词 New Words

①	雪景	(名)	xuějǐng	snow scene
②	靠	(动)	kào	to get close to
③	家乡	(名)	jiāxiāng	hometown
④	要命		yào mìng	terribly，extremely
⑤	特别	(副、形)	tèbié	very，particularly，especially
⑥	低	(形)	dī	low
⑦	零	(数)	líng	zero

⑧	度	（量）	dù	degree
⑨	冻	（动）	dòng	to freeze
⑩	哭	（动）	kū	to cry，to weep
⑪	不管	（连）	bùguǎn	no matter（what，how，etc.）
⑫	皮	（名）	pí	fur，leather
⑬	帽（子）	（名）	mào(zi)	cap，hat
⑭	靴（子）	（名）	xuē(zi)	boots
⑮	大衣	（名）	dàyī	overcoat
⑯	冰雕	（名）	bīngdiāo	ice sculpture
⑰	开眼		kāi yǎn	to broaden one's mind，to widen one's view
⑱	场	（量）	cháng	*a measure word*
⑲	恨不得	（动）	hènbude	how one wishes one could，to itch to

专名　Proper Nouns

| 东北 | Dōngběi | the Northeast，Northeast China |
| 哈尔滨 | Hā'ěrbīn | Harbin（name of a city） |

注释　Notes

1 就是下，也不怎么大

　　"就是……也……"连接让步复句。"就是"后面的分句承认某种事实，作出让步，"也"后面的分句从相反的角度说出正面的意思。

　　"就是……也……" is used to link a compound sentence of concession. The clause after "就是" admits the facts; the one after "也" stands to contrast the meaning of the first one.

(1) 他的身体好极了，就是两天不睡觉，也没关系。

(2) 参加赛跑要坚持到底，就是跑在最后边，也要跑到终点（zhōngdiǎn　terminal point）。

(3) 听说哈尔滨的冰雕美极了，就是再冷一点儿，我也要去看。

2 可是那儿冷得要命

　　"要命"表示程度达到极点。

　　"要命" means an extreme degree has been reached.

(1) 现在我饿得要命，快给我点儿东西吃吧。

(2) 接到妈妈的信，他高兴得要命。

　　另外，在着急或抱怨时也可以用"要命"。

　　In addition, "要命" can be used when one is very worried or complaining about something.

(3) 下了一个星期雨了，还不停，真要命！

(4) 你这个人真要命，每天睡那么晚！

3 听说最低气温有时要到零下二三十度

"二三十""三四百""五六千"或"四五个""七八瓶"等两个相邻的数一起用，表示概数。

Two neighboring numbers are used together to show an approximate number, such as "二三十", "三四百", "五六千", "四五个" and "七八瓶".

(1) 王林怎么了？他有两三天没来上课了。

(2) 七八年没见他，他还是那么年轻。

(3) 这个城市有五六十万人口。

4 不管多冷，我也不会哭

"不管……也……"连接条件复句，表示在任何条件下都会产生后一分句所说的结果。连接这种复句的关联词语前一分句可以用"不论""无论"，后一分句用"总""都"等。

"不管……也……" is used to link a compound sentence of condition and means no matter under what conditions the result stated in the latter clause will occur. Similar correlative that links such a compound sentence of condition such as "不论" or "无论" can be used in the first clause and "总" or "都" used in the second clause.

(1) 不管是什么季节，他都坚持游泳。

(2) 她常常肚子疼，所以无论多热，她都不喝凉水。

(3) 这辆自行车无论怎么修，总修不好。

5 太棒了

"棒"表示水平高、成绩好、体力或能力强，用于口语。

The word "棒" is used in spoken language meaning high in level; good in scores, strong in physical strength and capability.

(1) 那位老人身体真棒，他一口气就上到长城最高的地方了。

(2) 今天的足球比赛，我们队踢得棒极了。

(3) 在我们班，安娜的发音最棒，她要是再多练练汉字就更好了。

6 我恨不得马上去那儿看雪景和冰雕

"恨不得"表示一种急切的要求和愿望（多用于实际上做不到的事），也说"恨不能"，一定要带动词或动词短语做宾语。"恨不得"和动词宾语之间常用"马上""立刻""赶快""一下子"等副词。

"恨不得" expressing eager demands and wishes is most often used to describe something that cannot be realized. "恨不能" can also be used instead of "恨不得". It must take verbs or verbal phrases as its object. Adverbs such as "马上", "立刻", "赶快" and "一下子" are often used between "恨不得" and the verb.

(1) 这本书太棒了，我恨不得一个晚上就把它看完。

(2) 我恨不能一下子飞到北京。

(3) 我和姐姐分别两三年了，下星期她要回来，我恨不得马上见到她。

练习 Exercises

1 回答问题。

Answer the following questions.

(1) 你的家乡经常下雪吗？雪大不大？

(2) 下雪天你喜欢干什么？你的同屋呢？

天气
Weather

(3) 冬季你最喜欢的运动是什么？

(4) 说一说冬天的优点和缺点。

2 用下列词语各说一段话。
Give a talk using the words given in each group.

(1) 冬天　冷　下雪　大　刮风　最低气温　要命

(2) 常常　几场雪　薄　厚　打雪仗　堆雪人　滑雪

(3) 雪景　郊游　到处　留影

3 根据指定内容进行对话。
Make dialogues based on the following statements.

(1) 多美的雪景啊！

(2) 下雪天的计划。

(3) 谈谈你家乡的冬天。

(4) 谈谈冬季运动。

4 模仿例句改写句子。
Rewrite the following sentences after the examples.

例：请到暖气这边坐吧，这儿比那儿暖和。
　　→ 请靠暖气这边坐吧，这儿比那儿暖和。

(1) 在墙旁边放着一张桌子。

(2) 那边太挤了，往我这边坐坐吧。

(3) 你坐在后边看不见的话，就往前坐坐吧。

例：他很少到我这儿来，要是来，也只坐一会儿就走。

→ 他很少到我这儿来，就是来，也只坐一会儿就走。

(4) 这件事儿别告诉他了，告诉他，他也没办法。

(5) 这儿的冬天常刮风，不刮风，天气也很冷。

(6) 你别打电话叫他来了，如果他能来，也得等到周末。

5　用下面的概数造句。

Make sentences with the approximate numbers given below.

(1) 八九个
(2) 二十来岁　十岁左右
(3) 三点左右
(4) 三十多个
(5) 八斤上下

6　选择恰当的词语填空。

Fill in the blanks with the appropriate words from the list given below.

> 靠　　要命　　想　　　开开眼
> 底　　就是　　早就　　不怎么

(1) 这么晚了，那个小姑娘还没回家，家里人急得_____。

(2) 你还不知道呢，他_____会开车了。

(3) 这些天，他非常_____他在东京的孩子们。

(4) 你别问了，_____知道，他也不会告诉你的。

(5) 听你这么介绍，我也真想去_____。

(6) 他认为这件事儿做得＿＿＿＿＿＿理想。

(7) 请你＿＿＿＿＿＿边点儿站。

(8) 年＿＿＿＿＿＿这个地方将会有更大的变化。

7 以《在雪天里》为题目，写一篇短文。

Write a passage with the title of "On a Snowing Day".

8 旅游
Tourism

第十八课　我登上了长城
I've climbed up the Great Wall

课文 Text

A：快开车了，他们不会不来吧？

B：说不好，今天吃早饭就没看见他们几个。

A：也许睡过头了，昨天晚上他们下半夜才休息。

B：我去看看到底是怎么回事儿。

A：好，那你快点儿，要不来不及了。

A：你怎么一个人回来了？

B：他们还没起床呢。

A：那不等他们了，快上车吧！

B：到长城要多长时间？

A：大概两个小时左右。

A：这一路上空气真新鲜！

B：是啊，这里风景也很美。瞧山上的城墙，那是长城

的一部分。

A：修建在那么高的山上，真了不起！

B：它全长有一万多里呢。

A：所以才叫万里长城啊。

B：八达岭到了，咱们该下车了。

A：真宏伟啊！我早就想亲眼看看长城，今天总算看到了。

B：你听说过没有，许多外国人说："不到长城非好汉，不吃饺子真遗憾。"现在，你既不遗憾，也是好汉了。

A：现在还不能算是好汉，爬上去才能算真正到长城了。

B：好，到那个最高的地方去！

A：长城上风真大啊！

B：你应该带一件厚衣服来。

A：走的时候太匆忙，没来得及。

B：瞧，树上的叶子都变红了，多漂亮！

生词　New Words

①	过头	（形）	guòtóu	to go beyond the limit，to overdo
②	下半夜	（名）	xiàbànyè	the time after midnight
③	到底	（副）	dàodǐ	after all，finally
④	来不及	（动）	láibují	no time to do sth.，unable to make it
⑤	新鲜	（形）	xīnxiān	fresh
⑥	城墙	（名）	chéngqiáng	city wall
⑦	部分	（名）	bùfen	part
⑧	修建	（动）	xiūjiàn	construct
⑨	了不起	（形）	liǎobuqǐ	amazing，extra-ordinary
⑩	宏伟	（形）	hóngwěi	grand，magnificent
⑪	亲眼	（副）	qīnyǎn	（to see）with one's own eyes
⑫	总算	（副）	zǒngsuàn	at last
⑬	非	（副）	fēi	not，no
⑭	好汉	（名）	hǎohàn	brave man，true man
⑮	爬	（动）	pá	to climb，to crawl
⑯	真正	（副、形）	zhēnzhèng	really；real，true
⑰	厚	（形）	hòu	thick
⑱	匆忙	（形）	cōngmáng	hasty，in a hurry

⑲ 来得及 (动) láidejí there is still time，able to make it

专名 Proper Noun

八达岭 Bādá Lǐng Badaling（name of a place）

注释 Notes

1 他们不会不来吧

"不……不……"，两个"不"连用，强调肯定。

In the structure "不……不……", the two "不" are used one after the other emphasizing affirmation.

(1) 只要地址写对了，信不会收不到。

(2) 今天的晚会有小王的节目，他不能不来。

2 说不好

"说不好"的意思是不能肯定。

"说不好" means not sure.

(1) A：明天天气怎么样?

B：说不好，这儿的天气变化太大。

(2) A：小李的病什么时候能好？

　　B：说不好，他要是听大夫的话，就能好得快一点儿。

3　我去看看到底是怎么回事儿

"到底"在疑问句中表示进一步追究。

The word "到底" used in a question indicates further inquiry.

(1) 你怎么不说话？这件衣服你到底喜欢不喜欢？

(2) 昨天的球赛到底谁赢了？

(3) 听说小李住院了，到底是什么病？

4　我去看看到底是怎么回事儿

"怎么回事儿"用来询问事情或事情发生的原因。

"怎么回事儿" is used to inquire about something or the causes of something that happened.

(1) 怎么回事儿？外边那么热闹。

(2) 上课的时候，他们都跑下楼去了，你知道是怎么回事儿吗？

5　今天总算看到了

"总算"表示经过很长时间以后，某种愿望终于实现了。

"总算" expresses a wish that finally comes true after a long time.

(1) 这张画儿我画了一个星期，今天总算画好了。

(2) 这场大风刮了三天，今天总算停了。

(3) 我第一次去小王家，找了一个小时，总算找到了。

练习　Exercises

1 回答问题。

Answer the following questions.

(1) 就要开车了，人来齐了吗？为什么？

(2) 到长城要多长时间？他们为什么说长城真了不起？

(3) 他们在长城最高的地方看到了什么？怎么样？

2 完成对话。

Complete the following dialogues.

(1) A：都这么晚了，你怎么还没收拾行李？

　　B：_____。

　　A：明天早上几点出发？

　　B：_____。

　　A：尼可他们知道了吗？

　　B：_____。

　　A：明天一路上坐车得多长时间？

　　B：_____。

　　A：这么说，你有时间在车上睡大觉了。

(2) A：你看见去承德旅游的通知了吗？

　　B：_____？

　　A：就在食堂门口，你打算去吗？

　　B：_____？

　　A：这个星期五下午出发，下星期一早上回来。

　　B：_____？

　　A：今天下午开始报名。

(3) A：暑期你打算去哪儿旅游？

B：_____。

A：除了去那儿还去什么地方？

B：_____。

A：看样子，你准备在那儿住到开学了。

B：_____。

A：你的安排不错。

B：_____。

A：不行，我已经买了去南方的火车票了。

3 根据指定内容进行对话。

Make dialogues based on the following question and statement.

(1) 周末我们去游览长城好吗？(第一次来北京 长城怎么样)

(2) 说一说假期的旅行计划。(去哪儿 那儿的特点 怎么去 时间)

4 模仿例句改写句子。

Rewrite the following sentences after the examples.

例：都差十分八点了，没有多少时间了，快走吧！

→ 都差十分八点了，再不走就来不及了。

(1) 时间不够了，别等他了，我们先出发吧。

(2) 请你转告安娜，我走以前没有时间去看她了，回来再见。

(3) 我想回去拿一下儿东西，你说还能赶上车吗？

例：我早就想亲眼看看长城，今天可看到了。

    → 我早就想亲眼看看长城，今天总算看到了。

(4) 这几天一直阴天，今天可出太阳了。

(5) 开始他怎么也不同意在晚会上表演节目，我跟他说了半天，最后他同意了。

(6) 他向好几个人打听小王的新地址，最后终于打听到了。

例：他是我的老师，也是我的朋友。

    → 他既是我的老师，也是我的朋友。

(7) 散步能得到休息，还能锻炼身体。

(8) 这种苹果很便宜，也很好吃。

(9) 我不懂文学，也不懂艺术。

5　选择下列词语完成句子。

Choose the right expressions to complete the following sentences.

下半夜	到底	匆忙	变
了不起	新鲜	亲眼	全长

(1) 这是一条很长的河，＿＿＿＿＿＿＿＿＿＿。

(2) A：你知道昨天晚上什么时候开始下雨的吗？

    B：＿＿＿＿＿＿＿＿＿＿＿＿。

(3) 你哭什么，＿＿＿＿＿＿＿＿＿＿？

(4) 他六十多岁了还爬上了长城，＿＿＿＿＿＿＿＿＿＿。

(5) 你瞧他买回来的鱼，＿＿＿＿＿＿＿＿＿。

(6) 以前只是听说颐和园很美，今天总算＿＿＿＿＿＿＿＿＿＿。

(7) _____ ，忘记给你带那本书来了。

(8) 他_____，我都认不出来了。

6 用自己的话复述课文。

Retell the text in your own words.

7 介绍你们国家的一处名胜古迹。

Tell about one of the places of historic interest and scenic beauty in your country.

自由女神像
shén xiàng

第十九课　明天去动物园
Going to the zoo tomorrow

课文 Text

A：真累啊！

B：怎么回事儿？我见你上课老打瞌睡。

A：昨天跑的地方太多了，一连去了好几个地方。

B：干吗这么着急？以后机会多着呢。

A：我待的时间短啊，北京的名胜古迹太多了，可能
　　我天天看都看不过来。

B：那你应该挑最有名的地方去。

A：昨天我去了故宫和天坛。

B：天坛的回音壁，你感兴趣吗？

A：因为感兴趣我才去的，可是我怎么没听见回
　　声呢？

B：下回我陪你去，咱们一起试试。颐和园去过了吗？

A：还没呢。

B：那儿有山有水，风景优美，不能不去。

A：昆明湖是在颐和园吧？

B：是。湖很大，冬天可以滑冰，夏天可以划船。

A：北京动物园在全国是不是数一数二的？

B：是的。里面有很多动物，还有不少是珍奇动物呢。

A：有猴子吗？我最喜欢逗它们玩儿。

B：那里有个"猴山"。大猴子背着小猴子，有趣极了。

A：熊猫也让人着迷，我想拍点儿它们表演的照片。

B：明天去动物园吧，顺路可以到中国国家图书馆参观参观。

A：好，就听你的。

生词 New Words

①	瞌睡	（动）	kēshuì	to doze
	打瞌睡		dǎ kēshuì	to doze off
②	一连	（副）	yìlián	in succession
③	干吗	（代）	gànmá	why
④	着急	（形）	zháojí	to worry about，to feel anxious
⑤	机会	（名）	jīhuì	opportunity，chance
⑥	待	（动）	dāi	to stay
⑦	名胜古迹		míngshèng gǔjì	places of historic interest and scenic beauty
⑧	挑	（动）	tiāo	to choose
⑨	回音壁	（名）	huíyīnbì	echo wall
⑩	兴趣	（名）	xìngqù	interest
	感兴趣		gǎn xìngqù	to be interested in
⑪	陪	（名）	péi	to accompany
⑫	风景	（名）	fēngjǐng	landscape，scenery
⑬	优美	（形）	yōuměi	beautiful，exquisite
⑭	划船		huá chuán	to row a boat
⑮	珍奇	（形）	zhēnqí	rare，precious
⑯	猴子	（名）	hóuzi	monkey
	猴	（名）	hóu	monkey

181

⑰	逗	（动）	dòu	to play with
⑱	背	（动）	bēi	to carry on one's back
⑲	有趣	（形）	yǒuqù	amusing，funny
⑳	熊猫	（名）	xióngmāo	panda
㉑	顺路	（副、形）	shùnlù	on the way

专名　Proper Nouns

| 颐和园 | Yíhé Yuán | the Summer Palace |
| 昆明湖 | Kūnmíng Hú | Kunming Lake |

注释　Notes

1 干吗这么着急

"干吗"口语中常说，意思与"干什么"一样，用来询问原因或目的。

The word "干吗", often used in spoken language，is the same as "干什么". It is used to inquire the causes or purposes of an action.

(1) 你到北京这么长时间了，干吗不早点儿来我家玩儿？

(2) 你不是会骑车吗？干吗不买自行车？

(3) 叫我干吗？是想让我陪你去散步吗？

注意，询问客观事物的道理时只能用"为什么"，不能用"干吗""干什么"。

Note, when inquiring about the truth of objective things, only "为什么" can be used.

(4) 北京春天、冬天的风沙特别大，你知道为什么吗？

(5) 今年的西瓜为什么不甜呢？

2 可能我天天看都看不过来

名量词以及"天""年""人"等借用量词重叠，表示"由个体组成的全体"，有"毫无例外"的意思。

The reduplicated form of nominal measure words or words like "天" "年" "人" used as measure words indicates the whole is composed of every single part, with the meaning of without exception.

(1) 他年年都来北京，今年来的次数最多。

(2) 这首歌儿人人都喜欢。

(3) 他买的西瓜个个都挺好。

3 那儿有山有水

"有……有……"用于列举事物，可以增强描写作用。

"有……有……" is used to list things for emphasis.

(1) 我们班有美国人，有法国人，有日本人，同学们非常友好。

(2) 星期天，公园里有男有女，有老有少，人很多。

4 北京动物园在全国是不是数一数二的

"数一数二"意思是名次排在前面的、最好的。

The phrase "数一数二" means that something is regarded as one of the very best.

(1) 木村的发音很好，在我们班是数一数二的。

(2) 青岛啤酒是中国数一数二的好啤酒。

(3) 北京数一数二的好学校都在这个区。

⌐5 就听你的

　　口语中，同意按照对方的意见办时常这样说。让对方听自己的，可以说"听我的"，还可以说"听××的"。

Often used in spoken language, this shows one's agreement on the other party's opinion. "听我的" can be used to ask the other party to accept one's own opinion. "听××的" can also be used.

(1) A：你要是每天早上跑半个小时，一定能减肥（jiǎn féi to lose weight）。从明天开始，我们早上一起跑步吧！

　　 B：好吧，就听你的。

　　 A：听我的没错儿（不会错）。

(2) 这次旅行怎么安排，咱们就听小张的吧。

练习　Exercises

▊1 回答问题。

Answer the following questions.

(1) 请你介绍一下儿颐和园。

(2) 北京动物园怎么样？

(3) A 为什么一天去好几个地方？他为什么去天坛？

2 模仿例句改写句子。

Rewrite the following sentences after the examples.

例：这几天他一直很忙，今天总算有时间休息了。

→ 他一连忙了好几天，今天总算有时间休息了。

(1) 我问了好几个人，才打听到你的地址。

(2) 今天上午我给他打了三次电话，才找到他。

(3) 他们分别以后，好几年没来往了。

例：今天外面很冷，多穿点儿！

→ 今天外面冷着呢，多穿点儿！

(4) 安娜看见妈妈送她的生日礼物很高兴。

(5) 坐这种车去旅行很舒服。

(6) 这儿离你要去的地方还很远。

例：北京动物园在全国是很有名的。

→ 北京动物园在全国是数一数二的。

(7) 在学校，他弹钢琴大概是最好的。

(8) 他的学习成绩在班里差不多是最好的。

(9) 这种自行车在全国是很有名的。

3 用指定词语完成句子。

Complete the following sentences using the words in the brackets.

(1) 北京的名胜古迹 _____。（着呢　感兴趣）

(2) 为了锻炼身体，_____。（天天）

(3) 去广州可以 _____。（顺路）

(4) 这个商店的毛衣颜色真不少，_____。（挑）

(5) _____，今天才出太阳。（一直）

185

4 用指定词语进行对话。

Make dialogues with the given words.

(1) 机会　名胜古迹　累　拍照

(2) 数一数二　感兴趣　风景优美　有山有水

(3) 动物园　可爱　逗　有趣

5 根据指定内容进行对话。

Make dialogues based on the following statements and question.

(1) 和朋友一起看几张风景照片。

(2) 和朋友一起谈各自喜欢游览的地方。

(3) 介绍你最喜欢的动物园。

(4) 谈你最喜欢的一种动物。

(5) 你最累的时候怎么休息？

6 选择恰当的词语填空。

Fill in the blanks with the appropriate words from the list given below.

待	机会	数一数二	顺路	自然	感兴趣	跑
挑	到底	有山有水	一连	参观	打瞌睡	照片
拍	有趣	名胜古迹	着迷	表演	大熊猫	

尼可(1)＿＿＿＿＿几天总是睡得很早，可是上课时，他还经常(2)＿＿＿＿＿。同学们都很奇怪，不知道(3)＿＿＿＿＿为什么。原来，他在北京(4)＿＿＿＿＿的时间不多了，他怕失去(5)＿＿＿＿＿这些(6)＿＿＿＿＿

的(7)＿＿＿＿＿＿＿＿＿＿＿，所以，想在离开北京以前多(8)＿＿＿＿

＿＿＿几个地方。这些天，他(9)＿＿＿＿＿＿＿最有名的地

方去，他发现他对所有的地方都很(10)＿＿＿＿＿＿＿。特别

是(11)＿＿＿＿＿＿的(12)＿＿＿＿＿＿景色更使他(13)

＿＿＿＿＿。昨天他去了全国(14)＿＿＿＿＿的北京动物

园，在那里看到了许多动物，更(15)＿＿＿＿＿＿＿的是，他

看到了可爱的(16)＿＿＿＿＿的(17)＿＿＿＿＿＿。当然了，

尼可也给它(18)＿＿＿＿＿了许多(19)＿＿＿＿＿＿。在去

动物园时，他还(20)＿＿＿＿＿＿参观了中国国家图书馆。

7 将上面的短文改成对话。

Turn the passage above into a dialogue.

第二十课　我最喜欢桂林
I like Guilin best

课文 Text

A：一个月不见，你晒黑了。

B：我去南方旅行了，昨天傍晚刚回来。

A：南方我还从来没去过呢。

B：那你应该去看看。南方很多地方山清水秀，风景优美。

A：你来中国好几次了，该去的地方都去过了吧？

B：除了西藏，别的地方几乎都跑遍了。

A：你最喜欢哪儿？

B：桂林。中国自古就有"桂林山水甲天下"的说法。

A：这是在桂林拍的照片吗？

B：你算猜对了。这是漓江，江水清得能见底儿，水里的游鱼也看得清清楚楚。

A：这些山也很奇特。瞧，这座山峰多像一只老虎。

B：是啊，你再看这张，山上的那块石头就像一个正在梳妆的姑娘。

A：咦，这张照片有意思，是谁躺在你身边？

B：怎么，你没认出来？

A：让我再仔细看看。哟，这不是山田先生吗？

B：他当时累极了，躺在那儿就睡着了。

A：他睡得可真香！

B：照相的时候，他一点儿也不知道。

A：你们怎么穿得这么少？不冷吗？

B：那儿气候温暖，现在就像这儿的春天。

A：那你们太幸运了，今年你可以过两个春天了。

B：可不，北京的春天眼看也要来了。

生词　New Words

①	晒	(动)	shài	to be tanned
②	傍晚	(名)	bàngwǎn	at dusk
③	山清水秀		shān qīng shuǐ xiù	picturesque scenery, green hills and clear waters
④	几乎	(副)	jīhū	almost, nearly
⑤	自	(介)	zì	from
⑥	古(代)		gǔ(dài)	ancient (times)
⑦	甲天下		jiǎ tiānxià	best in the world
⑧	算	(副)	suàn	in the end, finally, at last
⑨	清	(形)	qīng	clear
⑩	底儿	(名)	dǐr	bottom
⑪	奇特	(形)	qítè	queer, peculiar
⑫	多	(副)	duō	very much
⑬	老虎	(名)	lǎohǔ	tiger
⑭	石头	(名)	shítou	stone
⑮	梳妆	(动)	shūzhuāng	to dress and make up
⑯	咦	(叹)	yí	*an interjection*
⑰	躺	(动)	tǎng	to lie
⑱	身边	(名)	shēnbiān	at one's side
⑲	认	(动)	rèn	to recognize
⑳	当时	(名)	dāngshí	at that moment
㉑	着	(动)	zháo	to fall asleep

㉒	温暖	（形）	wēnnuǎn	warm
㉓	幸运	（形）	xìngyùn	lucky
㉔	眼看	（副）	yǎnkàn	soon，in a moment

专名　Proper Nouns

西藏	Xīzàng	Tibet
桂林	Guìlín	Guilin（name of a city）
漓江	Lí Jiāng	Li River

注释　Notes

1　南方我还从来没去过呢

　　"从来"表示从过去到现在都是如此，多用于否定句。用否定词"没"时，在单音节动词或形容词后常带"过"。

The word "从来", often used in negative sentences, indicates that something has remained the same from the past till now. "过" is often placed after monosyllabic verbs or adjectives when the negative word "没" is used.

(1) 我从来没见过这几个人。

(2) 这个地方的冬天从来没冷过，四季如春。

(3) 他从来不喜欢游泳。

　　如果用于肯定句，"从来"修饰的须是动词短语、形容词短语或小句。

In affirmative sentences,"从来" is used to modify verbal phrases, adjective phrases or clauses.

(4) 他从来都是洗冷水澡。

(5) 他对工作从来就很认真。

在"从来＋没＋形容词"这一结构中,如果形容词前再加上"这么""这样",意思与原来完全相反。

If "这么" or "这样" is placed before the adjective in the pattern of "从来＋没＋adj. ", the meaning of the sentence will be entirely opposite.

(6) 我从来没有这么高兴过。(指"我高兴")

(7) 最近,天气从来没有这样好过。(指"天气好")

2 你算猜对了

"算"在这里是"算做""当做"的意思,后面可以加"是"。"算(是)"用在动词前表示一种强调的语气。

The word "算" here means to be reckoned or to be considered as. After "算","是" can be added. "算（是）" is used before verbs to show emphasis.

(1) 这个音以前我老发不好,这回算是发对了。

(2) 你算来得是时候,我正要去找你呢。

(3) 你算说对了,是我给你打过一个电话,你不在。

3 北京的春天眼看也要来了

"眼看"是副词,是"马上"的意思,可以用在主语前,也可以用在主语后。

The adverb "眼看" means "at once". It can be placed either before or after the subject.

(1) 眼看就要下雨了，咱们快回去吧。

(2) 眼看春节就要到了，买点儿过节的东西吧。

(3) 这只鸟儿受伤了，眼看就要死了。

练习　Exercises

1 回答问题。

Answer these questions.

(1) B 为什么晒黑了？

(2) B 说他最喜欢哪儿？为什么？

(3) 山田先生的照片是怎么照的？

(4) 山田先生他们为什么穿得那么少？

2 用下列词语各写一段短文。

Write a passage with each group of the words given.

(1) 桂林　南方　山清水秀　风景优美　数一数二

(2) 风景　有山有水　水清见底　游鱼

(3) 累　躺　睡　香　江边

3 模仿例句改写句子。

Rewrite the following sentences after the examples.

例：除了西藏，别的地方我差不多都去过了。

　　　→ 除了西藏，别的地方我几乎都去过了。

(1) 几年没见，你变化太大了，我都快认不出你来了。

(2) 差不多所有的地方都找了，也没看见你的学生证。

(3) 他的钱差不多全用完了。

例：王府井的商店我几乎都转过了，也没买到你要买的东西。

　　→ 王府井的商店我几乎都转遍了，也没买到你要买的东西。

(4) 我去过的地方都找过了，也没找到我的钢笔。

(5) 这儿的名胜古迹，尼可差不多都去过了。

(6) 这儿的风味小吃，他都吃过了。

例：电影马上就开演了，安娜怎么还不来？

　　→ 电影眼看就开演了，安娜怎么还不来？

(7) 马上就要下课了，你等他一会儿再走吧。

(8) 冬天快要到了，我们又可以去滑雪了。

(9) 快要开学了，你怎么又要去旅行了？

例：照相的时候他累极了，躺在那儿就睡着了。

　　→ 他当时累极了，躺在那儿就睡着了。

(10) 2006 年我见过你，那时我还不知道你就叫田村。

(11) 三年以前我们刚认识，那时候我还是学生。

(12) 你那封信我收到了，因为身体不太好，没马上给你回信。

4 **选择恰当的词语填空。**

Fill in the blanks with the appropriate words from the list given below.

> 看　遍　傍晚　自古　算　认　从来

(1) 每天_____总有不少人在河边散步，那时的景色很美。

(2) 这里＿＿＿＿以来就是旅游的好地方。

(3) 你＿＿＿＿来对了，秋天是这儿最好的季节，不冷不热。

(4) 这么新鲜的鱼，我＿＿＿＿没吃过。

(5) 我问＿＿＿＿了这里所有的人，谁也不知道他去哪儿了。

(6) 这张纸太脏了，都＿＿＿＿不出原来的颜色了。

(7) 你的变化太大了，我都快＿＿＿＿不出来了。

5 用自己的话介绍一下儿桂林、漓江的景色。

Describe what Guilin and Li River look like in your own words.

6 谈谈旅游的好处。

Tell about the benefits of travelling.

词汇表
Vocabulary

A

挨	(动)	ái	4
爱	(动)	ài	12
爱人	(名)	àiren	2
安装	(动)	ānzhuāng	13

B

百货大楼		bǎihuò dàlóu	7
班车	(名)	bānchē	2
半天	(名)	bàntiān	6
半夜	(名)	bànyè	3
棒	(形)	bàng	4
傍晚	(名)	bàngwǎn	20
抱	(动)	bào	16
背	(动)	bēi	19
备课		bèi kè	2
本地	(名)	běndì	6
笨	(形)	bèn	4
比较	(动)	bǐjiào	10
比如	(动)	bǐrú	11
比赛	(名、动)	bǐsài	4
变	(动)	biàn	10
变化	(动)	biànhuà	16
表示	(动)	biǎoshì	12
宾馆	(名)	bīnguǎn	16
冰雕	(名)	bīngdiāo	17
冰棍儿	(名)	bīnggùnr	7
病	(动、名)	bìng	5
播	(动)	bō	16
不得了		bù déliǎo	6
不管	(连)	bùguǎn	17
不过	(连)	búguò	2
部	(量)	bù	9
部分	(名)	bùfen	18
部门	(名)	bùmén	14

C

猜	(动)	cāi	7
参加	(动)	cānjiā	8
差别	(名)	chābié	16
查询	(动)	cháxún	13
差不多	(形、副)	chàbuduō	7

公用	(动)	gōngyòng	13	宏伟	(形)	hóngwěi	18
够	(副)	gòu	3	猴	(名)	hóu	19
姑娘	(名)	gūniang	8	猴子	(名)	hóuzi	19
古(代)		gǔ(dài)	20	厚	(形)	hòu	18
刮风		guā fēng	6	忽然	(副)	hūrán	15
挂	(动)	guà	10	湖	(名)	hú	12
怪不得	(副)	guàibude	8	互联网	(名)	hùliánwǎng	13
关系	(名)	guānxi	10	花	(动)	huā	2
观众	(名)	guānzhòng	9	花鸟画	(名)	huāniǎohuà	10
管	(动)	guǎn	14	哗	(象声)	huā	15
规定	(名)	guīdìng	14	划船		huá chuán	19
过度	(形)	guòdù	14	滑冰		huá bīng	4
过街桥	(名)	guòjiēqiáo	6	画	(动)	huà	10
过头	(形)	guòtóu	18	画儿	(名)	huàr	10
				环路	(名)	huánlù	6
				回	(动)	huí	5

H

孩子	(名)	háizi	3
海	(名)	hǎi	12
寒假	(名)	hánjià	2
好汉	(名)	hǎohàn	18
好久	(形)	hǎojiǔ	5
好容易	(形)	hǎoróngyì	11
好听	(形)	hǎotīng	9
好像	(副)	hǎoxiàng	6
河	(名)	hé	12
合适	(形)	héshì	1
恨不得	(动)	hènbude	17

回音壁	(名)	huíyīnbì	19
绘画	(名)	huìhuà	10
火炉	(名)	huǒlú	16
货	(名)	huò	7

I

IP卡		IP kǎ	13

J

几乎	(副)	jīhū	20
机会	(名)	jīhuì	19

乒乓球	(名)	pīngpāngqiú	4
平时	(名)	píngshí	14
普遍	(形)	pǔbiàn	13
普及	(动)	pǔjí	14
普通话	(名)	pǔtōnghuà	11

Q

奇特	(形)	qítè	20
骑	(动)	qí	7
起床		qǐ chuáng	15
气候	(名)	qìhòu	16
气温	(名)	qìwēn	16
瞧	(动)	qiáo	3
巧	(形)	qiǎo	8
亲眼	(副)	qīnyǎn	18
清	(形)	qīng	20
趣谈	(名)	qùtán	12
全	(副)	quán	15
确实	(副)	quèshí	9

R

让	(介)	ràng	6
人口	(名)	rénkǒu	6
人士	(名)	rénshì	14
认	(动)	rèn	20
认为	(动)	rènwéi	9
容易	(形)	róngyì	5
如	(动)	rú	16

S

森林	(名)	sēnlín	12
纱	(名)	shā	16
晒	(动)	shài	20
山峰	(名)	shānfēng	12
山清水秀		shān qīng shuǐ xiù	20
商量	(动)	shāngliang	8
上班		shàng bān	2
上场		shàng chǎng	8
上车		shàng chē	3
上街		shàng jiē	7
上(学)	(动)	shàng(xué)	1
上瘾		shàng yǐn	14
身边	(名)	shēnbiān	20
生日	(名)	shēngrì	3
声音	(名)	shēngyīn	9
省	(动)	shěng	13
湿	(形)	shī	16
石头	(名)	shítou	20
使用	(动)	shǐyòng	13
事业	(名)	shìyè	13
试	(动)	shì	10
受不了		shòu bu liǎo	6
书法	(名)	shūfǎ	10
梳妆	(动)	shūzhuāng	20
舒服	(形)	shūfu	16
疏忽	(动)	shūhu	14

专 名
Proper Nouns

部分练习参考答案
Keys to Some Exercises

第一课

2 用指定词语完成问句。

(1) 你最理想的工作是什么？
   你喜欢学什么？

(2) 你最喜欢的职业是什么？

(3) 你的朋友做什么工作？

(4) 他希望大学毕业以后做什么工作？

(5) A：你每天学多长时间的汉语？

   B：你呢？

(6) 你呢？

(7) 小王去哪儿了呢？

(8) 我的笔在哪儿呢？

3 模仿例句改写句子。

(1) 飞机快起飞了。

(2) 我朋友快来北京了。

(3) 快走吧，食堂快没饭了。

(4) 医生说他的病快好了。

(5) 我从来不喜欢这个职业。

(6) 他从来都不锻炼，所以身体不太好。

(7) 他从来都不喜欢吃肉。

(8) 晚上他从来不看电视，因为太忙了。

(9) 王老师前几年身体不太好，这几年倒好多了。

(10) 这件衣服太贵了，不过倒挺漂亮。

(11) 他年龄不大，看的书倒不少。

5 选择恰当的词语填空。

(1) 记得　从来

(2) 希望　理想

(3) 倒

(4) 以后

(5) 羡慕

(6) 当

(7) 只是

(8) 快……了

第二课

2 用指定词语完成问句。

(1) 他每周工作几天?

他在这儿工作几年了?

他上午几点上班? 下午几点下班?

(2) 你每天上下班要花多长时间?

(3) 你学汉语学了多长时间?

(4) 他今年多大了?

(5) 还有多远? 还要走多长时间?

(6) 每个月你工作多少天?

(7) 你们班有多少人?

3 模仿例句改写句子。

(1) 学校离家远一点儿, 不过坐车还是很方便的。

(2) 这几天他非常忙, 不过明天可以休息。

(3) 他病了很长时间, 不过这几天好多了。

(4) 他每天花一小时听音乐。

(5) 我上下班路上要花三个多小时。

(6) 我买了两本书, 一共花了四十五块四。

(7) 我的朋友花了很多钱修理他那辆车。

(8) 你先去教室吧, 我马上就到。

(9) 谁先到教室的?

(10) 你先吃点儿东西再喝酒。

(11) 从上星期五到现在我没见过他。

(12) 他从小到现在都喜欢看书。

(13) 从美国到中国远吗?

4 从括号里选择词语填空。

(1) 不过

(2) 因为

(3) 多长

(4) 学了两年

(5) 我们吃了两个小时

(6) 懂

5 选择恰当的词语填空。

(1) 班车

(2) 重要 传统

(3) 能

(4) 郊区 要

(5) 月底 中旬 (中旬 月底)

(6) 先

(7) 因为

(8) 工作制

第三课

2 用指定词语或句式完成问句。

(1) 你每天坐班车还是坐公共汽车上班？

(2) 你送孩子还是你爱人送？

(3) 医生们工作是不是很辛苦？

(4) 很多妇女婚后是不是继续工作？

(5) 你的孩子上没上学？

(6) 从家到医院远不远？

5 模仿例句改写句子。

(1) 他弟弟比他更高。

(2) 这本书比那本书有意思。

(3) 骑车比坐车方便。

(4) 他认识的汉字比我多。

(5) 他学习很努力，汉语说得越来越好了。

(6) 这几年他天天跑步，身体也越来越好了。

(7) 快到年底了，我回国的时间越来越近了。

(8) 他当了医生以后，越来越喜欢这个工作了。

6 用指定词语完成句子。

(1) 买不到东西怎么办

(2) 没带伞怎么办

(3) 公共汽车里的人真多

(4) 他每天练发音

(5) 够累的

(6) 够多的

(7) 如果有人去接他

(8) 如果要提高听说能力

(9) 婚后工作的妇女越来越多了

(10) 北京的秋天比春天好

7 选择恰当的词语填空。

(1) 有时候　半夜

(2) 大概

(3) 继续

(4) 小家伙

(5) 越来越

(6) 比　　还

(7) 听说

(8) 没什么

(9) 呢

第四课

2 用指定词语完成对话。

(1) B：这张画儿真不错，可是
　　　你不觉得太大吗？

　　B：真是好主意！

　　A：他可喜欢呢。

(2) 今天天气真好！

　　这主意太好了！

　　那儿的风景美极了！

4 模仿例句改写句子。

(1) 我的老师写毛笔字很拿手。

(2) 格林包饺子很拿手。

(3) 他打篮球很拿手。

(4) 游泳、滑冰、打网球这三项
　　运动，我游泳最拿手。

(5) 明天八点出发去参观，到时
　　候叫一下儿小王。

(6) 周末是格林的生日，到时候
　　咱们送他一件生日礼物。

(7) 星期日下午有足球比赛，到
　　时候我们一起去看吧。

(8) 我想下个月回国，到时候再
　　给你写信。

(9) 这个职业还不错，不过谈不
　　上理想。

(10) 你穿这件衣服只是合适，
　　　可谈不上漂亮。

(11) 他汉语说得还清楚，但是
　　　谈不上好。

(12) 我认为这本书可以看，但
　　　是谈不上有意思。

(13) 昨天玩儿得挺高兴，就是
　　　有点儿累。

(14) 这件衣服真漂亮，就是太
　　　贵了。

(15) 他倒没别的病，就是常
　　　感冒。

(16) 我喜欢滑冰，就是怕摔
　　　跟头。

**5 选择"得""要""会""能"
　或它们的否定式填空。**

(1) A：会　B：会
　　A：能　B：要　得

(2) 要　不能

(3) 不会

(4) 要　得

(5) 会　不能

(6) 要　不能

第五课

2 模仿例句改写句子。

(1) 格林汉语越说越流利了。

(2) 你瞧,飞机越飞越远了。

(3) 风越刮越大,今天别出去了。

(4) 我们从认识到现在一直是非常好的朋友。

(5) 他一直希望能到中国学习汉语。

(6) 吃完饭以后,他一直在看书。

(7) 我很早就听说过他的名字,可是一直没见过他。

(8) 我一进家门就接到了朋友来的电话。

(9) 我一毕业就开始工作了。

(10) 他一吃完饭就上班去了。

(11) 他们家一到星期六就吃饺子。

(12) 这场足球赛,票不好买。你要买,非早去不可。

(13) 天这么冷,你穿的衣服这么少,非感冒不可。

(14) 大夫说他的病还没好,不能出院,可是他非要出院不可。

(15) 我请他留下,在我这儿吃饭,可是他非走不可。

3 选择恰当的词语填空。

(1) 就

(2) 好久

(3) 一直

(4) 再说

(5) 是不是

(6) 非……不可

(7) 一……就……

(8) 多了

(9) 容易

第六课

3 模仿例句改写句子。

(1) 今天除了格林没来上课以外,别人都来了。

(2) 除了滑冰我比较拿手以外,别的运动都不行。

(3) 我除了每天早晨跑步以外,下午还踢足球。

(4) 他除了会汉语以外,还会英语和法语。

(5) 坐车这么挤,真叫人头疼。

(6) 他遇到了一件很头疼的事儿,不知道怎么办才好。

(7) 旅行时,最头疼的是买车票。

(8) 去那个地方最叫人头疼的是坐车太不方便。

4 选择恰当的词语填空。

(1) 占
(2) 来 去
(3) 半天
(4) 看样子
(5) 不得了
(6) 才

第七课
4 选择恰当的词语填空。

(1) 差不多
(2) 一定
(3) 挺
(4) 刚
(5) 去
(6) 原因
(7) 来
(8) 有名
(9) 约定
(10) 名牌货

5 从括号里选择词语填空。

(1) 猜

(2) 够……的
(3) 赶快
(4) 心脏不好
(5) 他骑的
(6) 唱好英文歌
(7) 吃我做的饭
(8) 一个很重要的足球

第八课
2 模仿例句改写句子。

(1) 那儿有展览，我们去参观，好吗？
(2) 学校有电影，你看不看？
(3) 昨天电视里有京剧，你看了吗？
(4) 学校有游泳比赛，格林参加吗？
(5) 安娜既懂音乐，又懂美术。
(6) 听说他的女朋友既漂亮，又聪明。
(7) 这些天他既忙又累。
(8) 他汉语说得既流利，又准确。
(9) 他轻轻地关上门走了。
(10) 人们安安静静地坐在座位上，等着电影开演。
(11) 你瞧，那边来了一个漂漂亮亮的姑娘。

(12) 你说的话我听得清清楚楚。

(13) 真巧，我在去他家的路上遇见了他。

(14) 我想叫他和我一起去看这个电影，真不巧，他看过了。

(15) 安娜买的这件毛衣我挺喜欢，可我去买的时候，太不巧了，已经卖完了。

(16) 太巧了，教我汉语的李老师也教过我的朋友。

5 选择恰当的词语填空。

(1) 那边

(2) 上场

(3) 意见

(4) 挨　骗

(5) 答应

(6) 过

第九课

2 模仿例句改写句子。

(1) 看上去她比较像父亲。

(2) 看上去格林最近身体不太好。

(3) 看上去他比去年老多了。

(4) 看上去你好像刚二十岁。

(5) 让安娜试试这件衣服，说不定正合适。

(6) 你尝尝我做的鱼，说不定味道还不错呢。

(7) 咱们去他的房间看看，说不定他已经回来了。

(8) 问问格林，说不定他知道这件事儿。

(9) 客人到来以前，他收拾好了房间，而且还准备好了饭菜。

(10) 她会跳舞，而且跳得还不错。

(11) 她认识格林，而且他们还是朋友。

(12) 他是这部电影的导演，而且也是这部电影的演员。

3 用"了""着""过"填空并进行对话。

A：了

A：过　了

B：过

A：过

A：了　着　着

B：了

A：了

B：了　着　了　了　着　着
着　了

A：了

B：了

A：了

5 用"V着"或"V着V着"改写句中画线部分。

(1) 他看着看着就笑了

(2) 站着看书

(3) 有时候听着听着就睡着了

(4) 骑着骑着

(5) 滑着滑着

6 选择恰当的词语填空。

(1) 声音　风格

(2) 自然　像　俩

(3) 出色　观众

(4) 性格

(5) 才

(6) 方法

(7) 导演　独特

第十课

2 把下列句子变成"把"字句。

(1) 他把我刚买来的自行车骑走了。

(2) 他把衣服洗完就睡了。

(3) 格林把他的房间收拾好以后，才去吃早饭。

(4) 每天早上是妈妈把他叫起来的。

(5) 他把足球忘在比赛场上了。

(6) 他们把墨用完了。

3 把下列句子变成被动句。

(1) 我画的水墨画被我的朋友拿走了。

(2) 他的帽子被大风刮走了。

(3) 那本书被谁借走了？

(4) 课本被他忘在饭店里了。

(5) 张老师被第一中学请去讲课了。

(6) 在联欢会上，那些啤酒没被他们喝完。

7 从括号里选择词语填空。

(1) 后来

(2) 以后

(3) 后来

(4) 以后

(5) 以后

(6) 像

(7) 像

(8) 变

(9) 发展

第十一课

2 模仿例句改写句子。

(1) 他说话太快，我好容易才听懂一句。

(2) 这本书我很喜欢，我去图书馆好容易才借到。

(3) 买这种画儿的人真多，我好容易才买来两张。

(4) 这个字不好写，我好容易才写好。

(5) 我让格林猜这张画儿是谁画的，格林一下子就猜对了。

(6) 他今天累了一天，躺到床上，一下子就睡着了。

(7) 大家渴极了，买了很多汽水，一下子就喝完了。

4 选择下面的词语，改写画线部分。

(1) 一点儿也
(2) 打听打听
(3) 转转
(4) 一下子
(5) 仔细
(6) 难怪

5 从括号里选择词语填空。

(1) 刚才
(2) 刚
(3) 以为
(4) 认为
(5) 对方
(6) 更
(7) 从
(8) 离

第十二课

2 模仿例句改写句子。

(1) 对他来说，发这个音比较困难。

(2) 对你的孩子来说，现在学弹钢琴还太早。

(3) 对我来说，当教师不太合适。

(4) 对他这么年轻的人来说，还不可能了解那么多事儿。

(5) 学校一演新电影，他就马上去买票。

(6) 格林一吃饭就先喝两杯啤酒。

(7) 请告诉安娜，一到北京就给我打电话。

215

(8) 他一听到妈妈生病的消息，
就回国了。

(9) 我去他家，他老不在。

(10) 他有病，老得吃药。

(11) 这位老人老来这个地方散步。

(12) 我穿这双冰鞋怎么老摔呀？

5 用恰当的趋向动词填空。

(1) 下　去

(2) 去　回去

(3) 来　来

(4) 来

(5) 来　去

(6) 起来

第十三课

2 从括号里选择词语填空。

(1) 离

(2) 从

(3) 在

(4) 对

(5) 往

(6) 由

(7) 由

(8) 跟

(9) 给

(10) 给

(11) 离

(12) 向

3 选择恰当的词语填空。

(1) 可　还

(2) 先

(3) 还是

(4) 什么

(5) 既　又

(6) 可以

4 模仿例句改写句子。

(1) 你先睡好了，我等他回来。

(2) 明天参观的事儿，我通知他
好了。

(3) 有什么不清楚的地方，问一
下儿尼可好了。

(4) 买什么礼物，你自己决定
好了。

(5) A：我用用你的词典行吗？
B：你用好了，现在我不用。

(6) A：老师，我有个问题，现
在能问问您吗？
B：你问好了，我有时间。

5 判断下列句子的正误。

(1) ✕
(2) ✓
(3) ✕
(4) ✕
(5) ✓
(6) ✕

第十四课

2 从括号里选择词语填空。

(1) 怎么
(2) 谁
(3) 什么
(4) 哪

3 模仿例句改写句子。

(1) 等了半天，他不会是不来了吧？
(2) 我听见有人敲门，不会是来客人了吧？
(3) 他住的房间大着呢，比我的大多了。
(4) 我今天忙着呢，晚上不去你那儿了。
(5) 坐出租车快是快，可是太贵了。
(6) 这本书有意思是有意思，不过生词有点儿多。

4 选择恰当的词语填空。

(1) 普及
(2) 吸引力
(3) 规定
(4) 让
(5) 着了迷
(6) 一落千丈
(7) 着急

5 为括号中的词语选择适当的位置。

(1) ②
(2) ①
(3) ③

第十五课

2 用指定词语完成对话。

(1) 是的，比昨天冷多了。
/是的，比昨天冷得多。
(2) 这里的天气和我们国家一样。
/这里的天气和我家乡一样。
(3) 我觉得这儿的天气没有我家乡好。
(4) 是这样，春天常常刮大风，而且风沙很大。

(5) 因为秋天天气不冷也不热。

(6) 听了，今天多云转晴。

(7) 我知道，最高气温十九度，最低气温五度。

4 模仿例句改写句子。

(1) 都七点了，安娜不会来了。

(2) 既然他都说对不起了，你就别再生他的气了。

(3) 雨都停了，天怎么还不晴呢？

(4) 他喝酒总喝到很晚。

(5) 尽管大家都这样告诉他，他总不相信这是真的。

(6) 他总希望能亲自做这些事儿。

(7) 回国之前能在这儿见到您，真是太难得了。

(8) 他是一位难得的好人。

(9) 他太忙了，难得有时间带孩子去公园。

5 选择恰当的词语填空。

(1) 吵

(2) 醒

(3) 梦见

(4) 万一

(5) 又是……又是……

(6) 躲躲

(7) 难得

(8) 忽然

(9) 都

第十六课

4 模仿例句改写句子。

(1) 尼可到处打听那个书店的地址。

(2) 他这个人到处都有朋友。

(3) 我到处都找过了，也没找到那支钢笔。

(4) 你瞧，那边天越来越黑了，恐怕要下雨了。

(5) 我刚从留学生十楼来，看见尼可房间里还没开灯，恐怕他还没回来呢。

(6) 李老师被送进医院了，恐怕这次他病得不轻。

(7) 班里发音最好的要数木村了。

(8) 这儿最大的商场要数百货大楼了。

(9) 做这个菜最拿手的人，要数小张了。

(10) 叫你来是请你帮忙，要不然就不请你来了。

(11) 这件衣服太小了，要不然他就不会去买新衣服了。

(12) 太晚了，你别走了，要不然
　　 我会不放心的。

(13) 今天早晨他出去买东西，
　　 把钱弄丢了。

(14) 那个小孩儿把杯子弄破了。

(15) 妈妈叫他把自己的房间弄
　　 干净。

5 说出下列各句的谓语。

(1) 参观　游览

(2) 方便

(3) 怎么　起床

(4) 病　难看

(5) 美国人

(6) 五点半

(7) 是

6 用指定词语完成句子。

(1) 到处都是自行车
　　/到处都很漂亮

(2) 觉得这里变化很大

(3) 那里四季如春

(4) 数尼可个子最高

(5) 恐怕还不能上课

(6) 要不然我们可以去看电影

(7) 弄倒了

第十七课

4 模仿例句改写句子。

(1) 靠墙边放着一张桌子。

(2) 那边太挤了，往我这边靠
　　 靠吧。

(3) 你坐在后边看不见的话，就
　　 往前靠靠吧。

(4) 这件事儿别告诉他了，就是
　　 告诉他，他也没办法。

(5) 这儿的冬天常刮风，就是不
　　 刮风，天气也很冷。

(6) 你别打电话叫他来了，就是
　　 他能来，也得等到周末。

5 用下面的概数造句。

(1) 今天我们班来了八九个新同学。

(2) 那个来找你的人二十来岁。
　　 他十岁左右的时候就会游
　　 泳了。

(3) 我明天三点左右给你打电话。

(4) 他们班有三十多个美国人。

(5) 他买的西瓜有八斤上下。

6 选择恰当的词语填空。

(1) 要命

(2) 早就

(3) 想

(4) 就是

(5) 开开眼

(6) 不怎么

(7) 靠

(8) 底

第十八课
4 模仿例句改写句子。

(1) 来不及了，别等他了，我们先出发吧。

(2) 请你转告安娜，我走以前来不及去看她了，回来再见。

(3) 我想回去拿一下儿东西，你说还来得及赶上车吗？

(4) 这几天一直阴天，今天总算出太阳了。

(5) 开始他怎么也不同意在晚会上表演节目，我跟他说了半天，他总算同意了。

(6) 他向好几个人打听小王的新地址，总算打听到了。

(7) 散步既能得到休息，也能锻炼身体。

(8) 这种苹果既便宜，也好吃。

(9) 我既不懂文学，也不懂艺术。

5 选择下列词语完成句子。

(1) 全长有三千多公里

(2) 下半夜的时候开始下的

(3) 到底出什么事儿了

(4) 真是了不起

(5) 又大又新鲜
    /一点儿也不新鲜

(6) 亲眼见到了

(7) 对不起，我匆忙地离开了家

(8) 样子变了

第十九课
2 模仿例句改写句子。

(1) 我一连问了好几个人，才打听到你的地址。

(2) 今天上午我一连给他打了三次电话，才找到他。

(3) 他们分别以后，一连几年没来往了。

(4) 安娜看见妈妈送她的生日礼物高兴着呢！

(5) 坐这种车去旅行舒服着呢！

(6) 这儿离你要去的地方远着呢！

(7) 在学校，他弹钢琴大概是数一数二的。

(8) 他的学习成绩在班里是数一数二的。

(9) 这种自行车在全国是数一数二的。

(10) 感兴趣

(11) 有山有水

(12) 自然

(13) 着迷

(14) 数一数二

(15) 有趣

(16) 大熊猫

(17) 表演

(18) 拍

(19) 照片

(20) 顺路

3 用指定词语完成句子。

(1) 多着呢，我都很感兴趣

(2) 我天天都骑车

(3) 顺路去看看我的老师

(4) 我都不知道挑哪件好了

(5) 这几天一直阴天

6 选择恰当的词语填空。

(1) 一连

(2) 打瞌睡

(3) 到底

(4) 待

(5) 参观

(6) 名胜古迹

(7) 机会

(8) 跑

(9) 挑

第二十课

3 模仿例句改写句子。

(1) 几年没见，你变化太大了，我几乎认不出你来了。

(2) 几乎所有的地方都找了，也没看见你的学生证。

(3) 他的钱几乎全用完了。

(4) 我去过的地方都找遍了，也没找到我的钢笔。

(5) 这儿的名胜古迹，尼可差不多都去遍了。

(6) 这儿的风味小吃，他都吃遍了。

(7) 眼看就要下课了，你等他一会儿再走吧。

(8) 冬天眼看要到了，我们又可
    以去滑雪了。

(9) 眼看要开学了，你怎么又要
    去旅行了？

(10) 2006 年我见过你，当时我
    还不知道你就叫田村。

(11) 三年以前我们刚认识，当
    时我还是学生。

(12) 你那封信我收到了，因为
    当时身体不太好，没马上
    给你回信。

4 选择恰当的词语填空。

(1) 傍晚

(2) 自古

(3) 算

(4) 从来

(5) 遍

(6) 看

(7) 认